# わるいやつら

宇都宮健児
Utsunomiya Kenji

a pilot of wisdom

# 目次

## 第三章　整理屋と提携弁護士―――――101

# 第四章　跋扈する貧困ビジネス

# 第五章　「わるいやつら」を生み出す「わるい政治」

事態を悪化させる生活保護バッシング
貧困と格差の広がり
生活保護の「捕捉率」は二割程度
過去に例のない、極端な「引き下げ案」
「物価に連動して保護費を下げる」トリック
貧しい者同士を対立させるキャンペーン
生活保護基準引き下げは当事者以外にも影響する
富が平等に分配されていない
年収四三〇万円の労働者よりトヨタ社長の税負担率が低い
消費税率だけを比較するのはフェアではない
消えた「高額納税者ランキング」
憲法に書かれていることが現実化していない
すべては実践から始まる

構成／林　克明

# 序章　私は、なぜ「わるいやつら」と闘うのか

## 弁護士を志した理由

私は、一九四六年に愛媛県の小さな漁村で半農半漁を営む父の長男として生まれました。小学校三年生のときに、一家は大分県の国東《くにさき》半島に開拓農家として入植することになります。貧しさから抜け出して、早く親を楽にさせてあげたい。そう思っていた私は、当時、プロ野球選手になる夢を持っていたのですが、その夢はあっさりと挫折しました。それ以来、学業で身を立てようと一生懸命勉強をしたのです。

一九六五年に、東京大学の文科一類に入学しました。そして在学中に、人生の大きな転機が訪れることになります。

大学に入っても経済的に余裕がなかった私は、生活費が一番安そうな駒場寮に入りました。駒場寮は戦前からある寮で、現在は取り壊されてしまいましたが、非常に古い建物でした。当時の駒場寮は学生運動の拠点でもあったのですが、私が入学した一九六五年は、日韓条約反対闘争が行なわれていました。寮では七、八人がひとつの部屋で生活していますから、みんなで酒を飲んだりする中で、自然と議論が起こるわけです。「何のために学ぶのか」、「私たちはどう生きるべきか？」などについて、真剣に議論する雰囲気でした。もっとも、どちらかといえば私は、積極的に議論に加わるよりは、なんとなく隣で話を聞いているような学生でした。しかし、駒場寮で生活するうちに、世の中に起こっているいろいろな社会問題に関心が向くようになりました。

東大の文科一類は、将来は本郷キャンパスの法学部に進学する学部です。東大の法学部というと、当時は、大蔵省（現・財務省）や通産省（現・経済産業省）など官僚志望の学生、大企業や銀行への就職を目指す学生などが多かったのです。他方、弁護士などを目指している学生は少数派でした。

私はプロ野球選手の夢が挫折した後、中学二年生からずっと卓球をやってきました。大学でも卓球部に所属していたのですが、学生会館の卓球部の部室の並びに、文化系サークルの部室も併設されていたのです。そこに「部落問題研究会」というサークルがありました。

私は大学に入るまで、「部落」という存在すら知りませんでした。部室に入るとみんな深刻な顔をしていろいろ議論しており、また、たくさんの本が並んでいました。そこで、私はわかりやすそうな本を一冊借りて読んでみました。それがとても衝撃的な内容だったのです。その本との出会いが、私の人生の大きな転機になりました。『わたしゃそれでも生きてきた―部落からの告発』（東上高志編、部落問題研究所出版部）という本ですが、現在では残念ながら絶版です。部落で育った女性たちの手記をまとめたものです。

私が非常に感動したのは、「うえだまさよ」さんという方が書かれた手記です。うえださんは当時五二歳なのですが、手記はすべてひらがなで書かれています。あまりにも貧しい暮らしのため学校に行く機会もなく、彼女は字が書けなかったのです。そこで、同和教育の先生から字を教えてもらって手記を書くのですが、よく考えると、うえださんは私の両親と同じ世代です。私の家もそんなに楽な生活ではなかったけれど、私の両親は、字は書けました。ところが、世の中には家が貧しいために学校にも行けなくて、字が書けない人がいる。そういうことを知って、大変なショックを受けました。私も、貧乏から這い上がろうと思って苦労していたつもりでしたが、日本の社会にはもっともっと大変な人がいる。しかも、それが「部落」という歴史的に根深い問題に起因している。私は、それまで自分が生まれ育った漁村や農村の狭い世界の中でしか、物事を見てこなかった。そのことに、初めて気がついたのです。

もう一冊、私が非常に感動した本があります。それは『小さな胸は燃えている—産炭地児童の生活記録集』（芝竹夫編著、文理書院）という炭鉱の子供たちを描いた本で、子供たちの作文や詩が載っているものです。一九六〇年ころに日本はエネルギー政策の転換期を迎えて、石炭から石油へと移行するのですが、その影響で各地の炭鉱が閉山されたり縮小されたりして、炭鉱労働者の生活が圧迫されていました。一九六〇年に安保闘争と三井三池闘争が起こりますが、私が大学に入ったのはその少し後の六五年です。その頃になると、炭鉱労働者の生活は相当厳しくなっていました。そういう荒《すさ》んだ生活の中で育っている子供たちの見聞きしたこと、体験したことをまとめた本でした。

これら二冊の本をきっかけに、私は、それまでの勉強の中では知らなかった「貧困」の現実を、理解するようになりました。

考えてみれば、私は東京大学に入学して「立身出世」コースに乗ったけれど、愛媛県の漁村でも大分県の開拓地でも、ほかの人たちはみんな両親の跡を継いだり、中学を出たらすぐに就職して働いている。私は、「自分だけ楽になるのは、人間として卑怯なのではないか」と悩むようになりました。

悶々と悩んでいたころに、駒場寮の一年先輩に「俺は弁護士になるんだ」と言う人がいました。その先輩も岐阜県の農家の出身でした。実は、私はこのとき初めて「弁護士」という職業があることを知ったのです。それで「弁護士ってどんな職業ですか」と先輩に聞いたら「いいか宇都宮。弁護士というのは自由な職業なんだ。このまま官僚になったり大企業に入ったりしても、それでは単なる組織の歯車のひとつになるだけだ。しかし、弁護士は自分がやりたいと思ったことを自由にやれる。しかも社会の役に立つことができるんだ」と言うのです。

それを聞いて、これは自分にとても向いている職業なのではないかと思いました。それが大学二年生の終わりころです。

私は三年生秋の関東学生リーグ戦への出場を最後に卓球部を辞めて、司法試験の勉強に専念することにしました。それから必死に勉強して、なんとか在学中に司法試験に合格することができました。

## サラ金事件に出会う

弁護士を目指したときは「弁護士は自由な職業なんだ！」と素朴に思っていたのですが、いまから思えば、私は社会経験の足りない未熟な人間でした。弁護士という資格を得たら、自動的に仕事の依頼が来て収入が入り、人助けもできる、そういうふうに単純に考えていたのです。

しかし、いうまでもなく、弁護士というのは霞を食べて生きているわけではありません。弁護士は依頼者から事件を引き受け、事件を処理して、その対価として報酬を得ます。では、その依頼者をどうやって獲得するのかということまで頭が回っていませんでした。私と同時期に弁護士になった人たちは、学校の同窓会や冠婚葬祭に出たり、中小企業の社長さんとゴルフをしたりして、人脈や顧客を広げる努力をしていました。ところが私は、漁村や開拓農家で育った人間で、魚を捕ったり芋を掘ったりするのは得意だったのですが、社交性がなく要領が悪かったので、ほかの弁護士のように、うまく人脈や顧客を広げることができませんでした。

当時もいまも、新米弁護士は、まず既存の法律事務所に雇ってもらいます。そこで給料をもらいながら、その事務所で扱う事件を処理して弁護士として鍛えられていきます。そして、その間に自分の人脈をつくって三〜五年くらいで独立する——というのが弁護士業界では基本的なパターンです。その雇われ弁護士のことを「イソ弁」（雇い主の弁護士は「ボス弁」）といいますが、これは「居候弁護士」からきている言葉です。

最初の法律事務所に入ってから七年目に、「宇都宮君も、そろそろ独立したらどうだ」とボス弁から言われました。しかし、私は独立できるような人脈も顧客もいませんから、「もう一年だけ待ってください」と必死で頼みました。しかし一年経っても、とても独立できそうにありません。結局、最初の法律事務所を辞めることになり、別のイソ弁先を探すために、所属する東京弁護士会の窓口を訪ねました。そこで、東京弁護士会の職員から「今度新しく弁護士になる方ですか？」などと聞かれて、「いいえ、私はもうそちらに八年も会費を払っています」と答えたら苦笑されたものです。

弁護士会でイソ弁を募集している法律事務所のリストをもらって就職活動をした結果、やっと新しいイソ弁先を見つけ、二度目の法律事務所に入ることになります。それが、ちょうど一九七〇年代の終わりころで、サラ金が大きな社会問題になっていた時期でした。

本書の第一章で詳述しますが、当時はサラ金を規制する法律がなく、サラ金業者は年一〇〇％位の高金利で貸付けて、返済が滞るたびに暴力的・脅迫的な取立てを繰り返していました。このため、サラ金苦による自殺や夜逃げが多発し、大きな社会問題となっていたのです。

当時、弁護士会の相談体制はあまり整備されておらず、サラ金被害者が弁護士会の法律相談センターに相談に行っても引き受け手がなく、たらい回しにされるような状況でした。そのため弁護士会に苦情が殺到して、職員が「誰かサラ金事件を引き受ける弁護士はいないか」と探していたのですが、そんなときに私の名前があがったのです。要するに、「八年目にもなっているのに弁護士会にイソ弁先を探しに来るような、暇そうな弁護士が一人いる」ということで、白羽の矢が立ったわけです。それが、私がサラ金事件と出会うきっかけでした。

私からすれば、単純に仕事がなかったので、弁護士会が紹介するサラ金事件を引き受けたというのが本音でした。そして、先輩の弁護士にサラ金事件の処理方法をいろいろと尋ねてみたのですが、サラ金事件を処理した経験のある人は誰もいませんでした。だからほとんど手探り状態で、最初はサラ金被害者と一緒に、サラ金の店舗を一軒一軒回っていました。

サラ金被害者というのは、基本的に多重債務者ですから、一人の相談を受けると二〇社、三〇社のサラ金業者を相手にしないといけません。それで店舗を一軒一軒回って、「私がこの人の代理人になったから、今後は本人や家族に直接取立てを行なわず、すべて私を通してくれ。それからこの人がいついくら借りて、いくら返済しているのか、詳しい明細を出してくれ」と言って回りました。すると翌日から、私の勤務先の法律事務所にものすごい電話がかかってくるのです。「ボケ！　カス！　コノヤロー、宇都宮おるか！」といった調子で、まさに暴力団まがいの電話でした。

弁護士に対してもそんな乱暴な電話をかけてくるくらいですから、本人に対する取立ては苛烈を極めており、サラ金被害者の自殺者、夜逃げが多発するのも無理からぬ状況でした。私のところに相談に来たサラ金被害者も、自殺を図って手首に傷跡が残っている人や、睡眠薬自殺を図った人など、さまざまでした。睡眠不足で目が充血し、青白い顔で頬がこけているような人が、ひっきりなしに相談に来たものです。

しかし、弁護士である私が代理人になれば、本人に対する取立ては徐々に和らいでいきます。すると次に会うときは目の充血も治って、いくらか顔色もよくなっている。そういうサラ金被害者から「なんとか死なずにすみました」とか「今年は家族一緒に無事正月を迎えられました」というような感謝の言葉を聞くうちに、大きなやりがいを感じるようになったのです。

## 一三年目の独立

そういうふうにして、少しずつサラ金問題にのめり込むようになりました。しかし、自分一人だけでは限界があります。そこで、弁護士会を「これは人の命がかかっている問題だから、ぜひ協力してください」と説得して、一九八〇年二月に、東京弁護士会の法律相談センターの中にサラ金専門の相談窓口を設置しました。

しかし、担当弁護士が非常に少ないところに相談者が殺到するので、すぐに処理できなくなって、ついに予約制になってしまいました。ひどいときは、相談者の多くが二カ月、三カ月待ちの状況でした。ところが、サラ金の返済日は毎月一回、月末にやってくるわけです。そのため、多くの相談予約者が当日までに夜逃げしてしまう。

なんとかして、早急に担当弁護士を増やさなくてはなりません。そこで私たちは、チラシやポスターをつくって募集しましたが、なかなか弁護士は集まりません。事情を聞いてみたら、「サラ金被害者の相談にのっても、弁護士費用を払ってもらえないんじゃないか」と心配している弁護士が大変多かったのです。弁護士にも家族があるし、生活があります。ボランティアだけでは長く続きません。それで私は、「サラ金被害者から、どうやったら弁護士費用をもらえるか」という講演会をやりました。そうしたら、講堂が満杯になるくらいの弁護士がやってきました。そこで私は、「サラ金被害者は、借金を分割で払っている。だったら、弁護士費用だって分割払いでいいじゃないか」と話したのです。

これは当たり前の話のように思うかもしれませんが、通常、弁護士は、離婚や相続の事件を受ける場合は「着手金」を一括でもらって、事件が終わったら「報酬金」を一括でもらうのが慣行になっていました。しかし、サラ金被害者は、一括で払えるようなお金がないから借金をしているわけです。それなのに「着手金を一括でもってきなさい」と要求するのは、追い返しているようなものです。

その講演をきっかけにして、サラ金事件を担当する弁護士が徐々に増えていきました。現在では、たくさんの弁護士がクレジット・サラ金専門の担当弁護士として登録しており、すぐに相談できる体制ができています。

このようにして、弁護士会のサラ金専門の相談窓口づくりの活動をする中で、弁護士会の職員は「これはいい弁護士を見つけた」と思ったらしく、次々と、私にサラ金事件を紹介するようになります。ところが、ある日突然、ボス弁から「宇都宮君、ちょっと話がある」と呼び出されました。何かと思ったら、「品の悪いサラ金事件から手をひいてくれないか。そうすれば事務所に残ってもらってもいいのだが」と持ちかけられたのです。しかし、すでに私は、ほかの弁護士に呼びかけてサラ金専門の相談窓口づくりをやっている段階でした。呼びかけた本人が先に抜け出してしまったら、卑怯者になります。

私は、思い切って独立することにしました。弁護士になって一三年目のことです。

## 立法運動に取り組む

たくさんのサラ金事件を取り扱っているうちに、「弁護士事務所に相談に来るサラ金被害者は、実際に存在するサラ金被害者のごく一部にすぎない」ということに、次第に気づくようになりました。相談者の背後には数十万、数百万人のサラ金被害者がいたのです。

大勢のサラ金被害者を救済するためには制度改革が必要だと思い、「全国サラ金問題対策協議会」（現在の「全国クレジット・サラ金問題対策協議会」）に参加して、立法運動にも取り組むようになりました。

「出資法」は刑罰で金利を規制している法律ですが、私がサラ金問題に取り組み始めた一九七〇年代末、出資法の上限金利は年一〇九・五％でした。他方、「利息制限法」の制限金利は年一五～二〇％なのですが、利息制限法には罰則がないので、ほとんどのサラ金業者は守っていませんでした。

金利が年一〇〇％だと、仮に五〇万円借りたら年間五〇万円の利子がつくので、元本が倍になってしまいます。そして、返済を怠ると暴力的・脅迫的な取立てが行なわれるため、サラ金被害者はほかのサラ金業者から借りて返済する……という自転車操業状態に陥ります。一〇社、二〇社と、雪だるま式に借金が増えていくのです。私が相談を受けた多重債務者の中で一番多く借りていた人は、サラ金・クレジット計一〇八社から、一億三〇〇〇万円の借金を重ねていました。

サラ金被害の原因は、サラ金の高金利、苛酷な取立て、支払能力を超えた過剰融資です。私たちはこれらを「サラ金三悪」と呼んで、サラ金三悪を規制する立法運動に取り組みました。

その結果、一九八三年四月二八日に「サラ金規制法」(貸金業規制法と出資法改正法)が成立し、その年の一一月一日から施行されることになりました。この時の出資法改正法で、出資法の上限金利は年一〇九・五%から年七三%、年五四・七五%、年四〇・〇〇四%まで順次引き下げられることになりました。また、貸金業規制法により貸金業者の無登録営業は禁止され、暴力的・脅迫的取立てを禁止する取立規制も導入されました。

この取立規制によって、弁護士がサラ金事件を受任した場合は、サラ金業者は、直接、サラ金被害者本人への取立てができなくなりました。そのため、弁護士はサラ金事件の処理がやりやすくなりました。弁護士からサラ金業者へ事件受任の通知を出すだけで、サラ金業者の取立てが止まるようになったのです。

ちなみに、サラ金規制法が施行されたのは一一月一日からですが、施行前は、私に対しても「ボケ！　カス！　コノヤロー、宇都宮おるか！」といった電話をかけていたサラ金業者が、施行後は「宇都宮先生いらっしゃいますか」というような丁寧な電話をしてくるようになりました。「ボケ、カス」から「先生」に昇格したのです。あらためて、法律の威力はすごいなと思いました。

しかしながら、「サラ金規制法」では金利規制や過剰融資規制が不十分だったため、多重債務問題は、その後、商工ローン問題、日掛け金融問題、ヤミ金融問題、違法年金担保金融問題などと形を変えて社会問題となり続けます。このため、私たちはさらに法改正運動に取り組み、以下のような法律を成立させました。

「商工ローン規制法」（貸金業規制法、出資法、利息制限法の改正法。一九九九年一二月一三日成立、二〇〇〇年六月一日施行）

「日掛け金融規制法」（貸金業規制法、出資法の改正法。二〇〇〇年五月三一日成立、二〇〇一年一月一日施行）

「ヤミ金融対策法」（貸金業規制法、出資法の改正法。二〇〇三年七月二五日成立、二〇〇四年

一月一日施行）
「違法年金担保規制法」（貸金業規制法の改正法。二〇〇四年一二月一日成立、二〇〇四年一二月二八日施行）

そして、二〇〇六年一二月一三日、改正貸金業法（貸金業規制法、出資法、利息制限法の改正法）が成立し、二〇一〇年六月一八日に完全施行されることになりました。このあたりの詳しい経緯は、本書第一章で述べることにします。

また、この二〇〇六年頃から、貧困問題にも取り組むようになりました。

サラ金・クレジット・商工ローン、ヤミ金問題など多重債務の問題の背景には、貧困問題があります。

もともと、サラ金被害者の多くは低所得者層です。サラ金を利用する理由の多くは、生活苦や低所得、病気・医療費、失業、給料の減少など、貧困に関わるものです。

日本は社会保障制度が脆弱なので、社会保障の不備を、高金利のサラ金などが補っている。そういう社会なのです。たとえば、ドイツやフランスは社会保障制度が充実しているため、サラ金やヤミ金は存在しません。

私は「多重債務問題というのは貧困の現象形態だ」と言っています。貧困の問題に手をつけなければ、多重債務問題も根本的な解決には至らないのではないか。そう考えるようになったのです。

そういう取り組みの流れが、二〇〇七年一〇月一日に結成した「反貧困ネットワーク」（代表・宇都宮健児、事務局長・湯浅誠）につながっていきます。

二〇〇八年秋のリーマン・ショック後の世界的な経済不況により、日本では、自動車・電機など製造業を中心に大量の派遣労働者の解雇、いわゆる〝派遣切り〟が行なわれ、職を失うと同時に寮や社宅を追い出されて住まいを失い、野宿を余儀なくされる派遣労働者が大量に発生しました。このような野宿を余儀なくされた派遣労働者を支援するために、労働組合と反貧困ネットワークなどの市民団体が協力して、二〇〇八年暮れから二〇〇九年初めにかけて取り組まれたのが「年越し派遣村」です。年越し派遣村の取り組みは、それまで見えにくかった貧困を可視化した取り組みであったと思います。私は、年越し派遣村の名誉村長として、この取り組みに参加しています。

## 豊田《とよた》商事破産事件の常置代理人となる

一九八五年七月初め、雨の日にコウモリ傘をさし、京都銘菓の「おたべ」を手土産にして、一人で私の事務所を訪ねてきた弁護士がいました。私にはどこか田舎の老弁護士のように見えたのですが、それが中坊公平弁護士でした。

中坊弁護士は「あんたが宇都宮はんですか?」、「豊田商事事件の常置代理人をやってくれまへんか」と切り出したのでした。これが、私がサラ金事件以外の社会的な事件に関わった最初の経験でした。

豊田商事事件というのは、金の地金をネタにした、いわゆる「現物まがい商法」(顧客に現物を渡さず、その商品の運用・管理・保管などを行うと称し、預かり証しか交付しない商法)で、お年寄りを主な顧客にして、二〇〇〇億円近くを騙《だま》し取った事件です。

この事件で衝撃的だったのは、中坊弁護士が私の事務所に来られる前の同年六月一八日、「同社の永野一男会長が今日逮捕」という情報を聞きつけて、大阪の永野会長の自宅マンション前にマスコミ取材陣が集まる中、被害者の関係者だという男二人が窓ガラスを割って侵入し、永野会長をめった刺しにして殺害したことです。多くの人が、当時のショッキングな映像を記憶されていることでしょう。

豊田商事は全国に六〇店舗ぐらいあり、従業員が約七五〇〇人、被害者が三万人くらいいるといわれていて、各地で被害対策弁護団ができていたのですが、この会長刺殺事件をきっかけに、一気に破産申立てが進みました。本店は大阪でしたから、大阪の弁護士が中心になって大阪地方裁判所に豊田商事の破産申立てを行ない、刺殺事件直後の七月一日に破産宣告がなされ、中坊弁護士をはじめとする三人の弁護士が、破産管財人として選任されたのです。しかし、被害が全国にわたる事件であったため、各地で破産管財人の管財業務を補佐する「常置代理人」が必要となり、破産管財人が関東地区担当の常置代理人を探していたのでした。

当時の私は、東京弁護士会でサラ金専門の法律窓口をつくった後、商品先物取引や、豊田商事のような高利回りを謳《うた》ってお金を騙し取る悪質商法の被害相談窓口も必要だと考えており、東京弁護士会の法律相談センターの中に「投機的取引相談」という窓口をつくる作業を進めていました（いまは、一般的な「消費者問題相談窓口」になっています）。当然、豊田商事事件の被害対策弁護団にも入っていました。

「悪質商法にころっと騙されるなんて、欲をかくからだ」という世間的な見方がありますが、そうではありません。悪質商法の被害者の多くは、ある程度の資産を持っているお年寄りで、その資産を狙われるのですが、それは余剰の資産ではなく、多くは老後の資金など最後の蓄えです。それをむしり取られたために生活保護を受けなければならなくなったり、自殺に追い込まれた被害者もいます。

なぜ騙されたのか。ひとつには、老後の資産の目減りを防ぐためにうまい話に乗ってしまう、という傾向がありました。いわば、お年寄りの無知につけ込んだのです。

もうひとつは、核家族化で高齢者だけの孤立化した世帯が多くなっていたことがあります。豊田商事の営業マンが、さも親しげに擦り寄っていき、あたかも息子や娘が面倒を見てくれているかのような甘い言葉をかけて勧誘したのです。中には、お年寄りの体を拭いてあげたり、お風呂まで入れてあげたりして警戒心を解き、お金を騙し取っていたケースもありました。

中坊弁護士の来訪を受けるまでもなく、私としても豊田商事の被害者救済はやらなくてはいけない、お年寄りを騙して老後の資金を奪い取るような悪質商法は許せないと思っていたので、常置代理人のお話は受ける気でいたのですが、そのときにいろいろ話をする中で、私は中坊公平という人物に惹かれていきました。

中坊弁護士は「自分は、もうあと何年生きるかわからない」、「宇都宮はん、人間死ぬときにはお金や名誉を持ってあの世に行くことはできない。持っていけるのは思い出だけなんや。だから私はあんたみたいな若い弁護士（当時、私は三八歳でした）と、この豊田商事事件を通じてよい思い出をつくりたいんや」と言われたのです。

自分にとって、弁護士の仕事はよい思い出づくり——そんなことを言う弁護士は、東京にはいませんでした。これはなかなか大した人物だなあと思い、では一緒にやりましょうということで、豊田商事事件の常置代理人を引き受けたのでした。

豊田商事事件に関与したことは、私にとって、とても大きな経験となりました。以後、ＫＫＣ（経済革命倶楽部）事件、オレンジ共済事件、和牛預託商法事件、全国八葉《はちよう》物流事件など、高利回りを謳って高齢者などからお金を騙し取る詐欺事件の被害対策弁護団の団長を務めることになるのです。

本書は、私が弁護士としてこれまで取り組んできたサラ金・クレジット・商工ローン・ヤミ金などの多重債務問題、詐欺的悪質商法問題、整理屋と提携弁護士問題、貧困ビジネス問題など、生活困窮者や社会的・経済的弱者を食い物にする「わるいやつら」の実態と、最近の新たな動きについて述べたものです。

本書が「わるいやつら」による被害の根絶と予防、不幸にして被害に遭った人々の被害回復の一助になれば幸いです。

# 第一章　サラ金からヤミ金まで

## サラ金規制法の成立

私は弁護士として、一九七〇年代の終わりごろから、サラ金・クレジット問題、いわゆる多重債務問題に取り組んできました。

まずは、その時代から現在に至るまでの「わるいやつら」の変遷を、駆け足にはなりますが、ざっと振り返ってみましょう。

一九七〇年代当時は、「サラ金問題」が社会の注目を浴びていたことをご記憶の方も多いと思います。「サラ金」とはサラリーマン金融の略称ですが、当時は法規制が弱かったので、たいへんな高利で貸付けていました。しかも、返済困難になった多重債務者に他社から借り入れをさせて回収するというやり方だったため、あっという間に業者数が膨れ上がったのです。そして、返済ができない人に対しては、厳しく苛酷な取立てを繰り返していました。そのような高金利、過剰融資、苛酷な取立てに苦しんでいる多重債務者を救うための活動を、長く続けてきたわけです。序章で述べたように、私たちは、サラ金の「高金利」「過剰融資」「苛酷な取立て」を「サラ金三悪」と呼んでいました。

しかし、弁護士会や弁護士事務所にたどり着けた多重債務者は救済できても、圧倒的多数の人は、そこまでたどり着けません。そういう多重債務者の中には、自殺したり夜逃げをしたり……という人も多かったわけです。このような悲劇を防ぐには、サラ金三悪を規制する立法が必要でした。私たちは、そのための立法運動を、ずっと展開してきました。

その結果、一九八三年四月二八日に、通称「サラ金規制法」という法律が成立し、同年一一月一日より施行されることになりました。正確に言うと、「貸金業規制法（現・貸金業法）」と「出資法改正法」であり、一般的な呼び名が「サラ金規制法」でした。

## グレーゾーン金利

サラ金やクレジットカードのキャッシングの金利を規制する法律が日本には二つあり、ひとつが「出資法」です。これは刑罰の対象となる金利を定めており、一定の金利を超えると処罰されます。もうひとつは「利息制限法」で、これは民事的効力の限界となる金利を定めており、制限金利を超えた利息契約をすると、超過部分については利息契約が無効になるという法律です。

当時もいまも、利息制限法では、年一五～二〇％（元本の額によって変動）を超える利息契約をしても「超過部分は無効」とされているのですが、利息制限法には罰則がないため、ほとんど守られてこなかったことが問題でした。

私がサラ金問題に取り組み始めた一九七〇年代は、出資法の上限金利が年一〇九・五％であり、この金利を超えると処罰されるので、サラ金業者は出資法の上限金利以下の金利で営業していました。多くのサラ金業者は、年利一〇〇％近くでした。すなわち、借りた元本が一年で倍になるわけです。

サラ金規制法によって、出資法の上限金利が、段階を追って年一〇九・五％から年七三％、それから年五四・七五％、年四〇・〇〇四％に引き下げられました。

このように金利は下げられていったのですが、本来守られるべき利息制限法の制限金利（年一五～二〇％）との間にはまだ差があり、その間の金利は「グレーゾーン金利」と呼ばれていました。サラ金規制法が施行された以降も、グレーゾーン金利の範囲内で、サラ金やクレジット会社は営業をしていたわけです。

一方で、貸金業規制法によって、それまでは誰でも貸金業ができていたのが登録制になり、無登録営業は処罰されるようになりました。さらに、サラ金の取立て行為についてもさまざまな規制が加えられました。たとえば、当時の大蔵省通達で、「午後九時以降・午前八時以前の取立て」とか、「ドアにはり紙をしたり、大声をあげたり、乱暴な言葉を使ったり、大勢で押し掛けるなど、人を威迫したり、私生活や業務の平穏を害するような取立て」が禁止されました。加えて、大蔵省通達で、「弁護士に債務整理を依頼した後の、多重債務者本人に対する取立て」が禁止されたので、弁護士がサラ金業者に通知を出すだけで、多重債務者本人に対する直接の取立てが止まるようになりました。そのため、弁護士としてはたいへん仕事がやりやすくなりました。

こういった立法によって、状況はある程度、好転しました。しかし、以前より下がったとはいえ、「年四〇・〇〇四%」という出資法の上限金利は、預貯金の金利などと比較すれば、たいへん高いものであることに変わりはありません。したがって、その後も多重債務者は増え続けたのです。

## 「根保証」という商工ローンの手口

こうした多重債務問題を改善するために、その後も法改正が行なわれました。ポイントとなったのは、一九九九年一二月に成立し、二〇〇〇年六月に施行された、通称「商工ローン規制法」です。正確に言うと、貸金業規制法、出資法、利息制限法の改正法です。

商工ローン業者とは、銀行による貸し渋りや貸しはがしによって融資を受けられなくなった中小零細事業者に対して、サラ金並みの高利で貸付ける業者のことです。当時の最大手の商工ローン業者が、日栄と商工ファンドでした。

一九九七年、山一《やまいち》證券と北海道拓殖銀行が倒産するなど金融危機が表面化して、銀行の貸し渋り、貸しはがしが進みました。このような経済情勢もあり、翌年の一九九八年から、日本は自殺者が年間三万人台にのぼり、それ以降、二〇一一年まで一四年間連続で自殺者が三万人を超える事態になったのです。そういう時代背景の中で、商工ローンが急速に広がっていきました。

商工ローンは、中小零細事業者の中でも特に経営状態が悪いところに貸し込むので、借り手はすぐに倒産してしまう。その際、元本等を回収するために、融資を直接受ける中小零細企業の経営者だけでなく、それ以外の保証人をとって融資をするのです。多い場合は、一〇人以上の保証人をとっていたケースもあります。保証人になる人は、公務員やサラリーマンなど、ある程度堅い仕事の人なのですが、一回きりの貸し借りの保証ではなく、それが「根保証」になっていることが問題なのです。

通常は、一〇〇万円を借り入れる場合の連帯保証なら、保証人は一〇〇万円の範囲でしか責任を負いません。しかし、たとえば「五年間で極度額一〇〇〇万円」という根保証形態をとっていた場合、当初の借り入れ額は一〇〇万円だったのに、借り手が追加の借り入れを繰り返し、結局、一〇〇〇万円を超える負債を抱えて倒産したら、保証人は一〇〇〇万円の保証責任を負わなくてはなりません。その間、追加の借り入れをしていたことが保証人に知らされることはありませんでした。したがって、保証人はある日突然、当初の保証額の一〇倍の請求を突きつけられて、困惑することになります。契約の際に、根保証についてきちんとした説明がなかったので、困惑するのは当然です。しかし、「払えません」と答えると、そこから脅迫的な取立てが始まるのです。

私の事務所にも、そのような保証人が相談に来られました。その保証人は「腎臓売れ、肝臓売れ、目ん玉売れ！」というような脅迫的な取立てを受けており、私は、恐喝未遂罪で日栄の元社員を警視庁に刑事告発しました。元社員は逮捕され、この事件が一九九九年秋の臨時国会で問題になります。そして日栄の社長の松田一男と、商工ファンド社長の大島健伸が参考人として呼ばれ、「商工ローン規制法」の制定に弾みがついたのです。

商工ローン規制法によって、保証人を保護する規定が導入されるとともに、出資法の上限金利が年四〇・〇〇四％から年二九・二％に下がることになりました。しかし、利息制限法の制限金利の上限は二〇％ですから、まだ「グレーゾーン金利」は残ります。サラ金大手は年二五％から年二九・二％で営業するようになりましたが、当時、銀行からサラ金大手が資金調達を受けるときの金利は年二％くらいでしたから、相変わらずサラ金の利益は大きく、多くのサラ金大手は一部上場企業となり、経団連のメンバーになっていきました。

こうして、商工ローンには一定の規制がかかったわけですが、一方で、この間、サラ金や商工ローンに食い物にされた被害者、多重債務者が大量に発生していました。彼らをターゲットにしたのが、いわゆる「ヤミ金」です。

## ヤミ金に手渡される多重債務者リスト

もともと、無登録の貸金業者のことを「ヤミ金」と呼んでいたのですが、商工ローンが社会問題化したころのヤミ金は、登録をした貸金業者であるにもかかわらず、出資法違反の超高金利で貸付ける業者が一般的でした。

二〇〇〇年の初めごろからヤミ金の被害が多発するようになり、特に、東京都知事登録をしたヤミ金業者が非常に多かったのが特徴です。東京都は登録貸金業者の数が突出して多いのですが、それに対応できる職員の数が少なかったのです。したがって、個々の貸金業者のチェックがほとんどできないという実情がありました。貸金業者は三年に一回、登録を更新しますが、更新番号が「(1)」というのは、登録して間がない（更新していない）貸金業者であるということを示します。当時だと更新番号が(5)とか(6)の業者が普通であるはずなのに、東京には、なぜか「(1)」の業者が厖大《ぼうだい》に存在した。私たちは、「東京都の更新番号(1)だから〝都(1)《トイチ》〟業者だ」と言っていました。

ご存知のように、「トイチ」という語の本来の意味は、「一〇日で利息一割」の金融業者の呼び名です。利息が一〇日で一割ということは、年利に直せば三六五％ということになりますので、当然、出資法違反のヤミ金業者ということになります。

漫画やドラマの影響で、「街金《まちきん》」という言い方や「トイチ」という呼び名が一般にも使われて、あたかも合法業者のようなイメージを持たれていたかもしれませんが、そもそも、出資法の上限金利が年一〇九・五％の時代であっても、一〇日で一割、年三六五％で貸付けていた彼らは出資法違反の違法業者にほかなりません。金利が年一〇九・五％を超えると三年以下の懲役だったのですから、この種の業者は、出資法違反の犯罪者だったのです。残念ながら、日本は、こういう高利金融業者に対して非常に甘い社会だと言わざるを得ません。

こうした業者は登録を済ませると、チェックが甘いのをいいことに、スポーツ新聞、夕刊紙などさまざまなところに広告を打ち、お金を貸付けていました。そもそも、なぜ彼らが都知事登録するかというと、登録業者でないとスポーツ新聞や夕刊紙に広告を載せられなかったからです。

さらに彼らは、多重債務者の個人情報を「名簿屋」から入手して、ダイレクトメールを送りつける。この方法が横行したわけです。一人の多重債務者に対してダイレクトメールが一〇〇通以上送られて来た例もあります。その多重債務者は狙いをつけられたわけですね。そして、ダイレクトメールを見て電話をかけると、「一〇日で四割、五割」という法外な金利を吹っかけられる。こういうパターンが一般的でした。一〇日で四割だと年一四六〇%、五割だと年一八二五%です。私が取り扱ったケースで一番金利が高かったヤミ金業者は、「一日二〇割」。年七万三〇〇〇%の超高金利でした。

こういったケースが跡を絶たないので、私たちは二〇〇〇年一二月に「全国ヤミ金融対策会議」を結成して、これまでに六万社を超えるヤミ金業者を刑事告発しています。それでも、当時の警察はなかなか取締りに腰を上げませんでした。

## 弔電や祝電を利用した脅迫状

ヤミ金は通常「一〇日で何割」という利息の取り方をしますが、中には「一週間何割」とか「一日何割」という利息の取り方をするヤミ金も存在します。「一日」というのは、要するに「翌日返せ」という意味です。

日本の会社員に対する給与の支払いは通常一カ月に一回、年金生活者に対する年金の支給日は二カ月に一回ですが、給料日や年金の支給日をヤミ金業者は待ってくれません。そうすると被害者は、借りたお金を返すために、また別のヤミ金に手を出してしまう。あっという間に何十社ものヤミ金から借金をつくることになるのです。私が相談を受けた中には、二〇〇社を超えるヤミ金から借りた人がいました。

ヤミ金の取立ては、電話による脅迫的な取立てが一般的ですが、当時は電報を利用した脅迫的な取立てもよく行なわれていました。

私の手元に、ヤミ金の脅迫電報がたくさん残っています。たとえば、こんなものです。

だいしきゅう　にゅうきんしろ
とぼけてると　いえにひをつけるぞ
かねがなくても　でんわぐらいできるだろ
あまくみてると　ほんとにころすぞ

０３－●●●●－××××　■■■■（業者名）

一般の電報のほかに、慶弔電報もよく利用されていました。ヤミ金は、被害者から取りあげた携帯電話を利用して慶弔電報を打っているので、電報料金の請求は被害者のところにいくのです。

慶弔の「弔」、つまり弔電で送られたこういう電報があります。

お悔やみ　○×様
大至急　金を返せ。返す気がないのなら、あなたをとことん追い込みます。
借金を帳消しにする方法が一つあります。
あなたは指を一〇本、家族の方々の指を四〇本送っていただければ、
借金は帳消しにします。必ず連絡ください。
連絡がこない場合には安全の保障はできません。
■■■■（業者名）　０８０－●●●●－××××

まさに脅迫文書ですね。このようなものがセットで何回も何回も送られて来るので、被害者は、精神的にものすごく追い込まれていくわけです。

## 五菱会《ごりょうかい》系ヤミ金グループの摘発

その当時の一番の問題は、このような〝犯罪者〟であるヤミ金が検挙されないことだったのですが、二〇〇三年に、ひとつの大きな転機がありました。山口組系五菱会系ヤミ金グループが摘発されたのです。

五菱会系ヤミ金グループは、ヤミ金を一〇〇〇店舗ぐらい経営しており、そのうちのかなりの部分が登録貸金業者で、東京都知事登録をとっていました。ヤミ金グループは、就職情報誌などで従業員を募集していて、募集した従業員の名前で貸金業の登録をとらせていたのです。

五菱会系ヤミ金グループは、一〇店舗とか二〇店舗ずつにグループ化して顧客の情報を共有させせ、グループ全体で被害者から金をしぼり取るというシステムをつくっていました。

グループ長と呼ばれた責任者には暴力団員が据えられており、それらのグループを統括していたのが、「ヤミ金の帝王」と呼ばれた梶山進という男だったのです。

警察の捜査によって、一店舗あたり年間平均三億円の売り上げがあり、そのうち七割から八割が、梶山を通じて五菱会へ流れていたことがわかりました。

当然のことながら、五菱会を通じて、山口組に上納金が渡っていました。五菱会の「五」は山口組五代目（当時は五代目組長時代）という意味であり、「菱」は山口組の代紋です。聞くところによれば、上納金をしっかり納めるので、五菱会は非常に重宝がられていたということです。その五菱会が摘発されたために山口組本部も捜査され、これをきっかけに、暴力団グループがヤミ金から撤退を始めるのです。

ヤミ金問題に関しては、ヤミ金に対する規制と処罰を強化する「ヤミ金融対策法」（貸金業規制法と出資法の改正法）が二〇〇三年七月二五日に成立し、二〇〇四年一月一日から施行されています。

## グレーゾーン金利の撤廃

ヤミ金融対策法施行後も、多重債務問題は深刻な社会問題であり続けたのですが、二〇〇六年一二月一三日、出資法の上限金利を引き下げてグレーゾーン金利を撤廃するとともに、年収の三分の一を超える貸付けを禁止する、画期的な「改正貸金業法」が制定されました。

この法律は、出資法の上限金利を年二〇％まで引き下げるもので、この結果、利息制限法の制限金利との間にあった「グレーゾーン金利」もなくなったわけです。また、貸金業者が利息制限法の制限金利を超えて貸付けをすることも禁止されました。さらに、年収の三分の一を超える貸付けを禁止するという総量規制が導入され、過剰融資の規制が強化されることになりました。

同法は二〇一〇年六月一八日に完全施行されましたが、その結果として象徴的なのは、サラ金最大手の武富士《たけふじ》や、商工ローン大手のＳＦＣＧ（「商工ファンド」が名称変更）が倒産したことでしょう。

いま振り返ると、二〇一〇年六月に完全施行されたことが、非常によかったと思っています。というのは、翌二〇一一年三月一一日に東日本大震災と福島第一原発事故が発生したからです。多くの被災者・被害者が避難所や仮設住宅に移ったのですが、幸い、一九九五年の阪神・淡路大震災の二の舞にはなりませんでした。阪神・淡路大震災のときは、避難所や仮設住宅にサラ金やヤミ金の取立てが殺到するという事態が横行していたのです。今回は、そういうことは起こっていません。改正貸金業法が完全施行されていたからです。

また、同法の完全施行後は貸金業者が大幅に減り、一番多かった一九八六年には四万七五〇四業者だったのが、二〇一三年には二二一七業者にまで激減しました。個人の自己破産申立件数も、ピーク時の二〇〇三年は二四万件を超えていましたが、二〇一三年には約八万件に減少しました。二〇〇六年に国会で貸金業法改正が議論されたときは、五社以上借りている多重債務者が二三〇万人いると言われていたのですが、二〇一三年には三〇万人を切っています。

なお、現在残っているサラ金は銀行に系列化されている業者が多く、ほとんどが利息制限法以下で営業していますが、いまは普通預金が年〇・〇二%、定期でも年〇・〇二五%

とか〇・〇四％という低利ですから、そういう中での年一五％や二〇％というのは、相対的にはやはり高いわけです。それで返済に行き詰まるケースもありますので、利用に注意しないと多重債務に陥ってしまう危険は依然としてあるということを付言しておきます。

### 「買取屋」の手口

こうして、法改正によって多重債務問題はかなり改善されたのですが、ヤミ金業者の一部は次々と新手の手口を考え出し、新たな被害者が発生しています。

たとえば、カードを使って現金化した金をかすめ取る犯罪です。昔は「買取屋」と呼ばれていたものを進化させた手口で、やっていることは、実質的にヤミ金と同じです。

クレジットカードはキャッシングとショッピングの両方が可能ですが、ほとんどの多重債務者はキャッシングをして返済に充てるので、キャッシング枠を使い切ってしまいます。ところがショッピング枠のほうは、まだ残っていることがある。そういう多重債務者を「カードで現金化」と宣伝して買取屋がターゲットにしていたのです。

スポーツ新聞や夕刊紙に載っている広告、あるいは街中の看板を見た多重債務者が、買取屋を訪ねていくと、どういうことになるでしょうか。

　買取屋は、その多重債務者を大型家電量販店に連れていって、クレジットカードでカメラとかパソコンとか家電製品を買わせる。その商品を、半値ぐらいで買い取るわけです。買い取った製品は新品ですから、買取屋はマージンを上乗せして、ディスカウントショップに転売して利益を上げるのです。

　たとえば五〇万円の買い物をさせられ、買取屋にそれを半額の二五万円で買い取ってもらったとしましょう。当座をしのぐための資金が必要な多重債務者は、とりあえず二五万円の現金を手にすることができます。これが「カードで現金化」です。しかし、少し考えればわかることですが、自分のクレジットカードで購入しているわけですから、後日、クレジットカード会社から代金の五〇万円とカードの手数料が請求される。結局、高金利の借金をしていることと変わりはありません。買取屋を利用した多重債務者はますます借金が膨れ上がることになります。このような買取屋が、詐欺罪で摘発されたケースもあります。

## 新手の「カード現金化」商法

ところが最近は、もう少し手が込んでいます。

ほとんど無価値のものをカードで買わせて、たとえば五〇万円でクレジット契約を結びます。そうすると、カード会社から販売業者に五〇万円が振り込まれ、現金化されるわけです。販売業者は五〇万円入ってきたうちの一〇万円を手数料で抜いて、四〇万円を多重債務者に渡す。ところが、多重債務者は自分のカードで商品を買ったことになっているわけですから、後日、クレジット会社から代金五〇万円とカードの手数料が請求される。結局、マイナスです。

二〇一一年に逮捕された現金化業者のケースでは、一個一二〇円程度のおもちゃのネックレスなどを、クレジットカードを使って百数十万円で購入させ、カード会社から入金される代金の一部を抜いて、客にキャッシュバックしていました。また別の客には、プラスチック製で三六〇円相当のネックレスなどを四一五万円で購入させ、カード会社からの入金からおよそ七〇万円を抜いていたということです。この業者は、二〇〇六年から一一年までの間に、約七五〇人の顧客から、約八〇〇〇万円の利益を得ていたと見られています。

要は「買取屋」と同じ手口なのですが、価値のある商品の現物を買い取る形態ではなく、あたかも物を売買したかのようにしてクレジット会社から現金を振り込ませ、その現金の一部を、手数料として自分の利益にする手口が横行し始めたのです。

よく注意して周囲を見渡すと、駐車場などに「カードで現金化」「クレジットで現金化」という宣伝看板があるのを目にしますが、その大半は違法業者です。この手口では、実質、年数百％もの高金利になります。そういう業者の実態は貸金業であり、やっていることは出資法違反の犯罪なのです。

腰の重い警視庁もさすがに看過できなかったのか、事実上のヤミ金であると判断して、出資法違反の容疑でこういった現金化商法の摘発にのりだしています。

### 偽装質屋

最近、注目されているのは、いわゆる「偽装質屋」という形のヤミ金です。

質屋は、「質屋営業法」に基づいて、都道府県公安委員会の許可で営業しています。そして、二〇〇六年の貸金業法改正で「グレーゾーン金利」が撤廃されたときも、質屋だけは、質屋営業法に基づいて出資法の上限金利の例外として年一〇九・五％の高利が容認されていたのです。質草を預かる保管費用や、鑑定、品書きをするためのさまざまな経費がかかるというのが、例外規定の理由です。二〇〇六年に貸金業法改正が行なわれた際、私は、質屋営業法で質屋に特例高金利が認められていることが、やや気になっていました。

もともと、サラ金やクレジットが出てくるのは一九六〇年代の初めくらいからです。戦後の混乱が終わり、高度経済成長が始まるこの時期に、家電製品や自動車などが大量に生産されるようになり、大量販売、大量消費を補完するものとしてクレジットやローンが普及し始めました。クレジットとかローンというのは、消費者の将来の収入を担保にしてお金を貸付ける取引です。ところが、将来の収入が担保とはいえ、実質、無担保で貸付けているので、払えない場合に強硬な取立てが行なわれるという問題が発生するようになったのです。

それまでの庶民金融の中心といえば、質屋でした。お客が持ってきた十数万円の腕時計を預かり、七万円ぐらいを貸付け、その貸付金を返済できないと、腕時計を質流しして回収する。ほかにも着物とかいろいろな高級品、バッグなどを担保に預かって値踏みをし、その六掛け、七掛けを貸付ける。払わなかったら質流しするわけですから、本来、取立てという問題は起こらないわけですね。

このように高価な品物を扱って質流しをするのが従来の質屋ですが、最近増えている「偽装質屋」というのは、せいぜい数百円から数千円程度の、大した価値のない品物を質に取って、年九〇%、一〇〇%の高金利で貸付ける。ただし質流しはせず、相手が払わないときは強硬な取立てを行なう業者のことです。質屋としての免許は取っているのですが、実質は、ヤミ金のような取立てをする貸金業者です。彼らは、質屋のみに認められた「年一〇九・五%の特例高金利」を悪用しているわけです。主に年金生活者をターゲットにしており、年金が振り込まれる口座から自動引き落としをする方法で貸金の回収を行なっています。

二〇一二年一〇月に、熊本県内の一二人の被害者が、四つの偽装質屋に対して計七二〇万円の損害賠償を求める訴訟を起こしています。被害者たちは、年利九六%以上で貸付けられたということです。

こうした偽装質屋は、もともと福岡を中心に九州で展開されていましたが、最近は東京都内や関東、北海道などでも店舗が確認されており、私たちも警戒しています。

偽装質屋を撲滅するには、警察による取締りの強化とともに、質屋営業法における特例高金利（年一〇九・五％）を撤廃する質屋営業法の改正が求められています。

# 第二章　新型詐欺のバリエーション

### 「三種の神器」を使った振り込め詐欺の横行

山口組系五菱会系ヤミ金グループの摘発や改正貸金業法の完全施行により、暴力団がヤミ金から撤退し、多重債務者の数が大幅に減少したことで、ようやく事態は収束するかと思えたのですが、そういうわけにはいきませんでした。

ヤミ金から撤退した悪質業者たちが、その代わりに始めた新手の商売が、いわゆる「振り込め詐欺」だったのです。振り込め詐欺が増え始めたのは、山口組系五菱会系ヤミ金グループが摘発され、山口組本部が捜査された二〇〇三年以降のことです。

ヤミ金も振り込め詐欺も、共通した手段と道具を使っています。

ヤミ金は、多重債務者や自己破産者のリストを「名簿屋」から買います。「名簿屋」は、おそらく、サラ金の元社員などから多重債務者や自己破産者の名簿を入手していると思われます。当時、料金は「多重債務者一人につき三〇〇円」と言われていましたから、一万人の顧客名簿なら三〇〇万円で売れるわけです。大手サラ金を退職した元社員が、一〇万人の顧客名簿を持ち出して名簿屋に売れば三〇〇〇万円になる。ちょっとした退職金代わりです。このような名簿に載せられた人を、ヤミ金はターゲットにしていたのです。

振り込め詐欺グループも、多重債務者や自己破産者などの名簿のほか、同窓会名簿、町内会名簿、ＰＴＡ名簿、教員名簿などを名簿屋から入手してターゲットにしています。

もうひとつ、ヤミ金と振り込め詐欺に共通しているものに「銀行口座」があります。捕まらないように、彼らは他人名義の銀行口座を「口座屋」から入手するのです。銀行口座は、通帳、印鑑、キャッシュカードの三点セットで、四万円から七万円で売買されていると言われています。

それから、「携帯電話」というツールがあります。身元の判明しない携帯電話を入手して、取立てや詐欺に利用しているのです。

名簿と口座と携帯電話。これらは「三種の神器」と言われていて、三種の神器があれば、拠点が東京にある場合でも、北海道から九州まで日本全国の人をターゲットにすることができるわけです。

具体的な手口も、大同小異です。「殺すぞ」「指持ってこい」などと言って恫喝《どうかつ》するのがヤミ金ですが、振り込め詐欺は「おたくの息子さんが交通事故を起こしました。被害者の助手席に妊婦が乗っていて、いま、病院に担ぎ込まれています、ちょっと被害者側の弁護士に代わりますから」といったような、言葉巧みな「騙し」でお金を騙し取る。恫喝から騙しに変わっただけで、やっていることは一緒です。

そして、ヤミ金の恫喝がある種パターン化していたのと同様に、振り込め詐欺の手口も、組織的なマニュアルに基づいています。私たちは「劇場型」と言っていますが、摘発された振り込め詐欺組織の例を見ると、息子役はこう、弁護士役はこう……といったマニュアルがしっかりあるわけです。

## 全国化する詐欺犯罪に警察は対応できない

振り込め詐欺は、前述した「三種の神器」があれば誰でもできますから、必ずしもすべてが暴力団関係者とは限りません。しかし、その背後では反社会的集団が相当関与していると私は見ています。ただ、振り込め詐欺については、大々的な組織的摘発があまりなされていません。

振り込め詐欺の場合、末端には、振り込まれた金をおろしに行く「出し子」がいます。

この役割を中間的なグループが担当し、そこから、上のほうに金が流れていく。「上のほう」には暴力団などが存在すると想像されますが、彼らは跡を消し、証拠を残さず、口を割らずにミッションを遂行しているので、さかのぼって組織的に摘発することができない。

　一方、警察の組織でこれまでヤミ金を扱っていたのは生活経済課という部署ですが、振り込め詐欺の担当は知能犯係で、警視庁で言えば捜査二課の分野です。ただ、知能犯係は、これまで加害者、被害者が少人数に限られるような詐欺事件は取り扱ってきていましたが、被害者が全国的に大量に発生する組織的な詐欺犯罪を摘発するようなことは、あまりやったことがありません。

　また、日本の警察が都道府県警という地域割り組織になっていることの弊害もあります。振り込め詐欺の場合でも、被害者が大分に住んでいれば大分県警、熊本なら熊本県警と、地元の警察へ相談に行くわけですね。ところが、送金先が東京だったとすると、実際に犯人を捕まえようと思ったら、大分県警や熊本県警の刑事が上京して、アジトを調べたり、金をおろしに来る「出し子」を調査したりしなければなりません。現実問題として、地方の警察が一件の詐欺のためにそれだけの対応をしてくれるでしょうか。犯罪が全国化しているのに、地域割りの警察組織は充分に対応できていないのです。

### 「口座屋」は誰の名前を使うのか

二〇〇八年六月二一日に「振り込め詐欺被害者救済法」が成立しましたが、この法律の制定には、私も若干、関わりました。

この法律により、振り込め詐欺に使われた口座が凍結された後、口座に残っているお金があれば被害者に分配する制度ができました。被害者が早く詐欺被害に気がついて口座を凍結すれば、詐取されたお金が返ってくる可能性が生まれたのです。ただし、振り込め詐欺グループの「出し子」が入金額をすぐにおろしてしまえば、口座には何も残っていませんから、お金は返ってきません。ただ、口座にお金が残っていなくても、凍結された口座は、もう振り込め詐欺には利用できなくなりますので、その口座を利用した新たな被害者の発生は防ぐことができるのです。また、振り込め詐欺グループがその口座取得のために使った資金は損害となります。したがって、振り込め詐欺グループに打撃、ダメージを与えるためにも、口座凍結申請は積極的に行なうべきなのです。

ヤミ金問題のころから、私たちは大量の口座凍結申請をやってきました。ヤミ金を告発すると同時に、必ずヤミ金が利用していた口座の凍結を申請するのです。あるいはヤミ金の口座のリストを持ってメガバンクを回り、それこそ何万口座と凍結させてきました。いまではメガバンクでも、口座凍結のための対策室を設置しています。当初の口座凍結はヤミ金が主な対象でしたが、現在、口座凍結の対象となっているケースの多くは振り込め詐欺です。

しかし、それだけでは根本的な対策にはなりません。前述したように、通帳、印鑑、キャッシュカードの三点セットが四万円から七万円で売買されています。このような売買を止めなければ、犯罪の手段を奪うことはできません。

そういう口座のもともとの所有者は、ヤミ金の被害者や多重債務者、あるいは高校生であったりするのです。「いいアルバイトがある」と高校生に声をかけて口座をつくらせ、二万円、三万円で買い取る。こういうことを「口座屋」が実行し、振り込め詐欺グループに転売しているわけです。

## バイク便や小包で現金受け渡し

振り込め詐欺グループは、凍結される口座が多くなると、バイク便を利用するなど、口座を使わない方法も考えるようになりました。

通常の振り込め詐欺と同様、まず電話をかけて金を無心したうえで、被害者に対して次のように細々と指示するのです。

「●時にバイク便を向かわせる。紙箱に現金を入れて粘着テープで巻いて、宛先と送り主は書かず、中身を聞かれたら『書類』と答えて、それ以外の余計な会話は一切しないように……」

バイク便業者は、普通、顧客の身元や荷物の中身を確認することはないため、現金はまんまと詐欺グループの手に渡るというわけです。

あるいは、小型小包を利用したケースもありました。こちらも、バイク便と同様、中身を確認されることはありません。品名に「書類」と書いておけばいいのです。詐欺グループは、こうした小型小包を他人名義の私設私書箱などに送らせていました。

騙す手口の「劇場型」テクニックも、時を経るにつれて、どんどん巧妙になってきています。事前に、新聞記者やテレビ局の記者を装って「おたくの息子さんが交通事故を起こしたようですが」と電話をかけて信用させるとか、電話をかけている間に救急車の擬音を鳴らして臨場感を持たせるなど、振り込め詐欺グループは、さまざまな工夫をこらしています。

## 二〇一二年、「特殊詐欺の被害額」は過去最高に

これだけ社会的に騒がれ、さまざまな形で警鐘が鳴らされてきているにもかかわらず、振り込め詐欺に類似する犯罪、いわゆる「特殊詐欺」による被害額は、二〇一二年に過去最高に達しました。

二〇一三年二月の警察庁発表によると、二〇一二年に認知した「特殊詐欺」の件数は八六九三件で、前年から一四七七件増。そして被害額は三六四億円で、それまで最悪だった二〇〇四年の二八四億円を大きく上回りました。「これまでの振り込め詐欺とは違う新しい手口が増え、一件あたりの被害が高額になっている」と警察庁がコメントしているよう

に、一件あたりの被害額は四四五万円で、前年より一五一万円増えているのです。

二〇一三年五月、警視庁は「振り込め詐欺」に代わる新名称を一般から募集し、「母さん助けて詐欺」にすると発表しました。名前を変えたからといって犯罪が抑止できるのかどうかは大いに疑問ですが、その背景には、一向に詐欺被害が減らない現状と、従来の「振り込め詐欺」という概念では対応できない新たな手口が広がっていることへの、警察組織の焦りがあるように思います。

## 犯罪のターゲットが拡大している

ヤミ金に振り込め詐欺……。

手を替え品を替え、弱者の苦境に付け込む犯罪が繰り返されます。規制すれば、別の手で網の目をくぐる。そんなイタチゴッコが、延々と繰り返されてきているのです。

なぜ、犯罪件数が減らないのか。

その最大の理由は、警察の捜査体制の不充分さと、被害者となる生活困窮者や高齢者が増加していることです。つまり、犯罪のターゲットとなる人々が増えているということです。

私がサラ金や多重債務の問題に関わり始めた一九七〇年代後半から八〇年代は、借金さえ整理することができれば、多重債務者はその後の生活を自力で再建することができました。ところが、いまはそれができないのです。たとえ借金を整理できたとしても、生活に困窮しているため、自力では生活を再建できない人が多くなっているのです。ですから、生活保護の申請や社会福祉協議会における生活福祉資金貸付制度の利用などをアドバイスしなければ、今度はヤミ金の被害に遭ってしまうのです。

それに、老後の不安を抱えた高齢者が増加する一方で、銀行や郵便局の預貯金金利は史上最低の低金利になっています。そのため、高利回りを謳う特殊詐欺の被害に遭ってしまう高齢者が急増しているのです。

こうした問題が解決されない限り、弱者をターゲットにした犯罪行為は決してなくなりません。

次節からは、弱者を食い物にする、複雑化し細分化された犯罪の実態について、さらに詳しく見ていきたいと思います。

## 振り込め詐欺①「オレオレ詐欺」

山口組系五菱会系ヤミ金グループの摘発をはじめとするヤミ金に対する取締りの強化、ヤミ金融対策法の制定などにより、追いつめられたヤミ金グループの一部が振り込め詐欺に移ったことは前述したとおりです。

振り込め詐欺には、①オレオレ詐欺、②架空請求詐欺、③融資保証金詐欺、④還付金等詐欺の四類型があります。これら従来型の振り込め詐欺については、かつて『自己破産と借金整理法』（自由国民社、二〇〇七年新版）で詳述しましたが、それに準拠して、あらためて簡単に説明しておきましょう。

子どもや孫を装って電話して、交通事故や痴漢行為の示談金、ヤミ金・サラ金の借金返済、妊娠中絶費用などの名目で指定口座に送金させて金銭を騙し取るのが「オレオレ詐欺」です。子どもや孫役、警察官役、弁護士役、被害者役など役割分担して電話をかけてくる「劇場型オレオレ詐欺」が主流で、被害に遭わないためには、電話だけで話を信用せず、できる限り家族や周囲の人に相談することが大切です。また、オレオレ詐欺は明らかに詐欺罪（未遂罪）に該当するので、警察に被害届を出したり、刑事告訴を積極的に行なうことが大切です。

## 振り込め詐欺②「架空請求詐欺」

ハガキや封書、電報、電話、電子メールなどを使って架空の有料サイト利用代金、電子通信利用代金などを請求して、金銭を指定口座に振り込ませて騙し取るのが「架空請求詐欺」です。債権回収会社や法律事務所、公的機関などを名乗る場合が多く、簡易裁判所の支払督促、小額訴訟を利用するときもあります。

架空請求詐欺を行なっている業者に対しては、絶対に支払わず、無視するのが賢明です。請求書に記載している携帯番号などに一度でも電話すると、脅迫的な取立てが繰り返されることになり、指定された銀行口座に送金してしまうと、何度でも請求が繰り返されることになります。

オレオレ詐欺と同様、詐欺罪（未遂罪）となるので、同様の対処を行なうことが大切になります。

## 振り込め詐欺③「融資保証金詐欺」

多額の債務を抱えている人に対して、ダイレクトメールやファックス、電話などで融資勧誘を行ない、「低金利で五〇〇万円を融資するので保証金あるいは手数料として五〇万円を送れ」などと偽って金銭を騙し取るのが「融資保証金詐欺」です。被害者が五〇万円を送金しても五〇〇万円の融資はまったく受けられず、さらに、さまざまな理由をつけて送金させようとします。

融資保証金詐欺の業者は、実在する銀行やクレジット会社、サラ金会社を騙《かた》ったダイレクトメール等を使用するので、注意する必要があります。

私が相談を受けた人の中には、五〇〇万円の融資を受けるために三〇〇〇万円を騙し取られた人がいました。その人の被害はそれだけでは終わらず、「あなた、三〇〇〇万円を騙し取られたでしょう。私が取り返してあげます。そのためには、手数料が一〇〇万円必要です」と持ちかけられたというのです。もちろん、向こうはグルに決まっています。その人は、「自分はその一〇〇万円を業者に払おうと思っているんだが」と消費者センターに相談に行きました。当然、消費者センターでは「あなた、騙されていますよ」と指摘したのですが、お金を取り戻したい一心の被害者は冷静な判断力を失っていて、どうしても「一〇〇万を払う」と言って聞きません。そこで、消費者センターが私のことを紹介したのです。彼は私の事務所に電話をかけてきて「一〇〇万払ったら、騙された三〇〇〇万は返ってくるのか」と聞くので、「あなたは騙されているから、すぐ警察に通報しなさい。口座も止めてもらいなさい」と必死で説得し、警察に行ってもらいました。

## 振り込め詐欺④「還付金等詐欺」

やはり振り込め詐欺の一種である「還付金等詐欺」は、税務署の職員を名乗って「税金を還付しますよ」とか、社会保険事務所を名乗って「医療費の還付がありますよ」と言ってお年寄りに電話して金銭を騙し取る手口です。お年寄りはATMの操作がよくわからない人が多いから、銀行に行かせて、ATMの操作を指示するわけですね。指示どおりに操作したら、自分の口座から詐欺師の口座に送金されてしまう。こういう手口が還付金等詐欺です。

このような、さまざまな手口が横行したため、一度は少なくなったように見えた振り込め詐欺は、またここへきて激増しているのです。

## 振り込め詐欺以外の特殊詐欺

警察庁は、面識のない不特定の者に対し、電話その他の通信手段を用いて、預貯金口座への振り込みその他の方法により、預金等を騙し取る詐欺を総称して「特殊詐欺」といっているようです。特殊詐欺の中には、オレオレ詐欺、架空請求詐欺、融資保証金詐欺、還付金等詐欺、金融商品等取引名目の特殊詐欺、ギャンブル必勝法情報提供名目の特殊詐欺、異性との交際あっせん名目の特殊詐欺、その他の特殊詐欺があります。特殊詐欺のうち、オレオレ詐欺、架空請求詐欺、融資保証金詐欺、還付金等詐欺は、前述したとおり「振り込め詐欺」と呼ばれています。

このところ急増しているのが、振り込め詐欺以外の特殊詐欺です。

「金融商品等取引名目の特殊詐欺」とは、実際には対価ほどの価値がない未公開株、社債等の有価証券や外国通貨等、またはまったく架空の有価証券等について電話やダイレクトメール等により虚偽の情報を提供し、その購入等の名目で金銭等を騙し取るものです。

「ギャンブル必勝法情報提供名目の特殊詐欺」とは、不特定の者に対し、パチンコ攻略等の虚偽の情報を提供するなどしたうえで、会員登録料や情報料等の名目で金銭等を騙し取るものです。

「異性との交際あっせん名目の特殊詐欺」とは、不特定の者に対し、一度だけ異性と会わせたり、異性に関する虚偽の情報を提供するなどしたうえで、会員登録料や保証金等の名目で金銭等を騙し取るものです。

### 金融商品等取引名目の特殊詐欺

前述したように、振り込め詐欺と似たような詐欺類型を警察は「特殊詐欺」と位置づけていますが、未公開株や社債の売買に絡む犯罪などもそこに含まれます。

昔は、未公開株や社債の売買に際しては、業者が来て「これは必ず値上がりしますから」と持ちかける単純な詐欺方法でした。ところが最近は、業者が騙して未公開株や社債を買わせる前に、ほかの人間に「こういう社債とか未公開株があれば、高く買い取りますよ」という電話をあらかじめ入れさせておくわけです。その後に、本格的に騙す人間が訪ねていく。だから、つい信じ込んでしまう。

二〇一三年に摘発された例では、「あなたが購入した社債を、ウチは三・三倍で買い取ります。今回は運のよい人が選ばれました」という連絡が被害者に入りました。このケースでは、事前に、「太陽光発電会社」と名乗る企業から、社債購入者を募集するパンフレットが届いていました。それを三・三倍で買い取ってくれるというのですから、被害者は、つい社債を買ってしまったのです。

このように、まったく無価値の社債や未公開株を発行する業者が訪問して高く買わせるだけでなく、事前に第三者を装った人物が電話してきて「有利な条件で買い取ります」と情報を与えているケースが頻発しています。もちろん、後で第三者に電話してもつながりません。役割分担された「劇場型」の詐欺集団なのです。

## 昔の利殖商法、出資金詐欺商法との違い

「値上がり確実」「必ず儲かる」など高利回りを謳って投資や出資を勧誘して金銭を騙し

取る詐欺商法は昔からあり、これまでは、利殖商法、出資金詐欺商法などと呼ばれていました。豊田商事事件、KKC事件、オレンジ共済事件、大和《だいわ》都市管財事件、全国八葉物流事件、リッチランド事件、近未来通信事件、平成電電事件、ワールドオーシャン事件、L&G事件、仮想空間マルチ商法、和牛預託商法などが、そのような悪質商法の典型です。

和牛預託商法の中では、二〇一一年八月九日に破綻《はたん》して、被害者数七万三三五六人、被害総額四二〇七億六七〇〇万円を出した安愚楽《あぐら》牧場事件が有名です。

このような利殖商法被害事件の相談を弁護士が受けた場合、私たちは被害対策弁護団を結成して、被害者を集めて、悪質業者の破産申立をして被害者の救済を行なっていました。破産宣告後、裁判所から選任された破産管財人が、悪質業者や、悪質業者にむらがって上前をはねた業者などからお金を取り戻して被害者に配当するのです。たとえば、豊田商事の破産事件では約一〇%の配当でした。

私が関与したKKC事件、オレンジ共済事件、全国八葉物流事件、和牛預託商法事件などはいずれも破産申立をすることにより被害者の救済を行なっています。場合によっては、悪質業者を相手に損害賠償請求訴訟を起こして一部を取り戻したこともあります。それでも被害額の一〇%、二〇%程度にとどまるわけですが、何がしかの財産が残っているので破産申立をするなどして被害の一部は取り戻せたのです。

しかし、最近の振り込め詐欺や金融商品等取引名目の特殊詐欺は、最初から金銭を騙し取る目的ですべてが計画されており、被害者に振り込ませたらさっと口座から引き出して雲隠れしてしまう。後には何も残っていません。豊田商事は全国に六〇店舗くらいを持ち、駅前の一等地に店舗を構えていましたから、すぐには逃げられませんでした。また、実際に違法行為を実行した業者の顔もはっきりわかりました。利殖商法を行なっていたほかの悪質業者も、店舗や事務所を構えており、騙した瞬間に跡形もなく消えてしまうようなことはありませんでした。

それに対して、現在の悪質業者は、店舗も構えていないし、偽名だし、足のつかない他人名義の口座や携帯電話を使っている。したがって、金を騙し取られた被害者の被害回復が、昔に比べて格段に難しくなっているのです。

## 被害回復詐欺

振り込め詐欺をはじめとする特殊詐欺の被害が増加する中で、一度被害に遭った被害者に対し「被害を取り戻してあげる」と近づき、手数料を取ったり、株を買わせたりして金銭を騙し取る「被害回復詐欺」の被害が増加してきています。一度被害に遭った経験のある人は「何とか被害を取り戻したい」との思いが強いので再度被害に遭いやすいのです。被害者には、「弁護団」を名乗ったり「消費生活センター」を名乗って近づいて来ることもあるので注意しなければなりません。悪質商法や特殊詐欺の被害に遭った被害者名簿は、詐欺グループの間で高値で売買されているそうです。詐欺グループの間では、このような被害者の名簿は「カモリスト」と呼ばれているということです。

## 高齢者がターゲットになる社会環境

警察が言う振り込め詐欺以外の「特殊詐欺」も、振り込め詐欺と非常に共通項が多いことがおわかりでしょう。前述したように、二〇一二年に振り込め詐欺を含む特殊詐欺の被害が過去最高の被害額に達したのは、こうした特殊詐欺も含まれているためです。

警察には「検挙にまさる予防なし」という格言があります。なぜなら、いままで紹介した振り込め詐欺や特殊詐欺は、確信的な犯罪者集団が行なっているからです。

犯罪者集団は、どのような心理状況でものを考えるのか。それは「割に合うかどうか」です。彼らは、大して儲《もう》からないのに捕まってしまい、刑務所で長いこと服役するという「割に合わない」ことを恐れるわけです。だからこそ、こうした確信的犯罪者集団は、徹底した検挙・摘発を実行することによって根絶できるのです。

過去、ヤミ金との闘いの中で、私たちは六万社を超えるヤミ金業者を告発し、警察は末端から捜査していって山口組系五菱会系ヤミ金グループにたどり着き、さらに山口組本部の捜査にまで到達しました。ヤミ金で儲けていた暴力団に相当なダメージを与えて、ヤミ金から手を引かせているわけです。

しかし、現在の振り込め詐欺については、そこまで徹底した捜査はされておらず、末端の小グループしか摘発されていません。しかも、振り込め詐欺の被害に遭う人は高齢者が多い。高齢者は一般的に情報弱者ですし、最近は大家族でなく一人暮らしの方も多いため、孤立しているケースが増えています。何か困ったことがあっても、家族や隣近所に気軽に相談できない。そんな環境になっているのです。

高齢者は長年働いてきましたから、老後の資金をある程度持っています。若い人は、もともとあまりお金を持っていませんし、最近は非正規労働者が増えているのでなおさらです。そういうこともあって、高齢者が詐欺グループの格好なターゲットになる社会環境ができあがっているわけです。

こうした高齢者に注意を呼びかけるためには、「気をつけましょう」と言うだけでは限界があります。官庁などではインターネットでいろいろな情報を発信していますけれど、高齢者にはインターネットを使っていない人が多いのです。それこそ地元の「見守り隊」や自治体の職員が、一軒一軒を回って「何か変わったことがありませんか」と声をかけるようなことをやらないと、注意は喚起できませんし、被害の防止もできません。

私は、消費者金融問題や悪質商法に関するシンポジウムや講演会に招かれてお話をすることがありますが、こうした講演会やシンポジウムを聞きに来る人は、もともと意識が高い人たちですから、あまり被害に遭いません。そういうところに来ない、または来られない人たちをケアしなくてはならないのです。

警察が言うように「検挙にまさる予防なし」なのですが、振り込め詐欺をはじめとする特殊詐欺に関しては被害の増加に検挙が追いついていません。犯罪者集団は、警察の足下を見ているのです。

## 一〇%の金利で処罰されていたフランス

確信的な犯罪者集団に対する検挙が追いついていない。そういう危惧《きぐ》を感じるようになったのは、ヤミ金の被害が激増した二〇〇〇年ごろでした。

当時私たちは、サラ金、クレジット、商工ローン、ヤミ金などの規制を強化するために、諸外国の実情を調査していました。一部の消費者金融業者は政治連盟をつくって、政治家に献金するなどして「規制を強化すると、かえってヤミ金が増える」など、さまざまな理由をつけて規制強化反対運動を展開していたので、それに対抗するために外国での実態調査をする必要があったからです。

そして諸外国の調査で判明したのは、フランスやドイツなどには、日本のようなサラ金がほとんどないということでした。

特にフランスは、金利規制が非常に厳しい国です。日本銀行にあたるフランス銀行が、三カ月に一度、市場平均金利を調査します。消費者金融、事業者金融、不動産金融などのカテゴリーに分けて市場平均金利を調査して、市場平均金利の三分の四倍を超えると暴利として処罰され、金利も無効になる。私たちが調査した二〇〇〇年当時、フランスでは金利が年一〇%を超えると暴利として処罰されることになっていました。日本の利息制限法よりはるかに厳しいわけです。

私たちの常識だと、そういうことであればヤミ金が横行しているんじゃないかと思うわけですね。ところが、フランスの銀行や金融業者団体や消費者団体を訪ねて聞いても、ヤミ金は存在していないと言うのです。それが不思議でならなかった。

そこでフランスの弁護士に実情を聞いたところ、フランスでは市民の法意識がものすごく高くて、「高金利というのは不正で違法な儲け方である」という考え方が浸透しているというのです。キリスト教の影響もあるのかなと思います。

だから、フランスではヤミ金が商売を始めようとすると、ヤミ金に関する苦情が行政や警察に殺到して、ヤミ金業者はすぐに捕まってしまう。だから開業資金が無駄になり、「ヤミ金はフランスでは割に合わないんだ」ということを聞きました。

確かにそのとおりで、日本では悪いことをしても摘発されないので「割に合う」。だから、ヤミ金がどんどん増長したのです。いまの振り込め詐欺をはじめとする特殊詐欺なども、同様です。

だからこそ警察は、こういう連中を上回るために捜査能力を向上させて、捕まえることに力点を置くべきです。啓蒙《けいもう》のために、地域の人たちと一緒に寸劇なんかやっている暇はないのです。そういうことは消費者団体や市民団体にやってもらえばいい。そんな時間があったら、捜査能力を磨いてくれと言いたいのです。

## 法規制によって被害が減った詐欺

そうした中で被害が大幅に減ってきているのは「先物取引」の被害です。「商品先物取引法」が施行され、厳しく規制されるようになったためです。

先物取引というのは、物を買うのではなくて、小麦、金、プラチナなどを売ったり買ったりする権利を売買していく。だから非常に複雑です。たとえば、株を買ってその会社が倒産すれば紙切れになるだけですが、先物取引では一〇〇〇万円の証拠金を出したら、何億、何十億円という商品の売買になるのですから、一〇〇〇万円どころか、あっという間に数千万円も損をする危険性がある。

もともと商品先物取引というのは、小麦の生産高によって価格が乱高下すると小麦を使った商品の価格に反映してしまうので、たとえば食品メーカーなどがリスクをヘッジするための取引として発展しました。あるいは、貴金属を材料に商品をつくっているところも同様です。つまり、こうした取引に関わるのは、本来、メーカーなど企業なのです。

ところが日本の市場は異常で、およそ八割が一般消費者でした。ですから、まったく先物取引の経験のない人に電話をかけて、「儲け口がありますよ」と勧誘して食い物にしていたわけです。青木雄二さんの『ナニワ金融道』という漫画に時々出ていましたね。先物取引で失敗してヤミ金に金を借りた人とか……。

問題を深刻化させたのは、農産物関連は農水省、貴金属関連などは経産省から認可された、いわば政府公認の先物取引業者が消費者を騙していたことです。私たちは「政府公認の詐欺グループだ」と問題にしてきました。新しい「商品先物取引法」によって規制が強化された結果、業者がバタバタと潰れていきました。たとえば、私の自宅にも頼みもしないのに勧誘の電話がよくかかってきましたが、このような「不招請勧誘」が禁止されました。「不招請勧誘」とは、顧客あるいは潜在的顧客の同意、要請、依頼を受けていない状況で行なわれる勧誘全般をさします。このほか、商品先物取引を行なう顧客の知識・経験・財産などに応じて、業者に対する規制の程度に強弱をつける「プロ・アマ」規制を導入することで、委託者保護、消費者保護を強化しています。

また「外国為替証拠金取引」（FX取引）という、先物取引のように証拠金を払ってドルやユーロなどの外貨を売買する取引も金融商品取引法により規制されることになりました。外国為替証拠金取引もきわめてリスクの高い取引であり、規制強化によって危ない業者は追放されました。

それから、未公開株の売買などについての規制も進みました。もともと、未公開株の売買は登録された証券会社しかできません。ところが、少し前までは、登録されていない業者が未公開株の購入を消費者に呼びかけていたのです。また、未公開株には譲渡制限があり、取締役会の承認が必要で簡単に売買できない性質のものです。それなのに、簡単に売買されていました。未公開株の売買についても、金融商品取引法で規制されることになっています。

## 分散化する犯罪者集団

このような規制が進めば進むほど、プロの犯罪者集団による特殊詐欺は、先ほども言ったように逃げ足が速くなり、地下に潜伏して、姿が見えなくなってしまう。

それにいまや、悪質業者は必ずしも暴力団とは限らない。少なくとも、イコールではないわけですね。

前述したように、現在でも、プロの犯罪者集団の背後には、資金源を獲得するために暴力団が存在するケースが多いだろうと私は見ています。しかし、昔のように、彼らは目に見えるような形では存在しません。

ひとつの犯罪を実行する際に、役割が細分化され、全体の流れをつかめないケースが多いのです。振り込め詐欺であれば、口座から金を引き出して運搬する「出し子」、電話をかける者、「口座屋」、「名簿屋」……。分散化によってお互いの接点を持たせず、系統をわからせないようにしているわけです。ホームレスの人にアルバイト代を渡して「出し子」をやらせる例もあります。

大がかりな尾行をして追跡調査し、組織を割り出していくような作業を慎重に進めていかないと全容はわからないと思います。

ここまでに何度か言及した山口組系五菱会系ヤミ金グループについても、最初は系統がよくわかりませんでした。金融機関を通して送金させると足がついてしまう危険性があるので、彼らは現金で受け渡しをしていたのです。受け渡しの金が五菱会系ヤミ金グループの関係だと警察が認定したのは、非常に細かなポイントからでした。一万円札を束ねる方法に一定の形式があり、そこから、これはどこの組、あれはどこの組、と割り出していったのです。

### 被害届よりも告訴・告発を！

ストーカー事件の被害者が、被害届を出してもなかなか受理してもらえない、というケースをよく耳にします。二〇一一年一二月に長崎県西海市《さいかい》で起きたストーカー殺人事件で、千葉県警本部長ら二一人が処分された例があります。被害者が届け出ていたのに、習志野《ならしの》署の担当者が、被害届の受理を先延ばしにして慰安旅行に行っていたところ、長崎で悲劇が起きてしまった。

ヤミ金問題についても同様で、警察は、市民からの訴えを受理すれば仕事が忙しくなるだけだから、先延ばしやタライ回しをするわけですね。だから、弁護士が告訴状を持っていっても、なかなか受理しないわけです。私は、仕方ないので、内容証明で告訴状を送ったこともあります。

法的には、被害届を受理しても捜査義務は発生しませんが、告訴や告発の場合は捜査義務が発生して、捜査の結果を報告しなければなりません。ですから、犯罪の被害者は告訴・告発をしたほうがいいのです。告訴は犯罪の被害者本人が行なうもので、告発は犯罪を見つけたら誰でも行なうことができます。

一九九〇年代の終わりごろから二〇〇〇年代初めにかけては、明らかに出資法違反なのに、ヤミ金の被害者本人が訴えても警察は相手にしなかった。「お金の貸し借りのトラブルは民事だ。警察は民事不介入だ」と言うわけです。しかしヤミ金は、民事ではなく出資法違反の犯罪です。無知もはなはだしい。

法律的には、出資法の上限金利を超える金利の支払いを約束しただけで犯罪になるのですが、被害者に対し「元本ぐらい払ってから来い」とか「利息を払って、完済した上で来い」などと言って、警察が被害者を追い返した例もあります。これではヤミ金の味方をしているようなものです。

最近は、さすがにそこまでひどい例は減ったように思いますが、かといって、肝心の捜査能力が向上しているようには思えません。先述したように、犯罪者集団の技術はますます向上し、組織は分散化し、活動領域はボーダーレスになっています。そのような現状に、警察の捜査能力は対応できているでしょうか。二〇一三年に発覚したパソコン遠隔不正操作事件の経緯を見ていても、進化する犯罪に捜査技術が追いついていないと思わざるを得ません。犯罪者集団のほうが、明らかに一歩先を行っているのです。

犯罪を抑えるためには、徹底的に検挙して厳罰に処するのが一番です。私たちは、犯罪者集団と「交渉」してはいけません。刑事告訴・告発をして犯罪者集団を検挙させることが、一番効果的なのです。

## 法律事務所に犬の首が投げ込まれる

ただし私たち弁護士は、債務整理をする関係上、ヤミ金業者と「交渉」をする局面もあります。その交渉中には、事務所に犬の首や猫の首が投げ込まれたり、頼みもしない寿司が何人前も送られてきたり、救急車が来たり消防車が来たり、ひどいケースは、「●●法律事務所で殺人事件が起きた」と通報されて警察官が来たり……。それから、業者が「俺は弁護士の●●だ」と右翼団体事務所に電話をかけて、その右翼団体が怒鳴り込んできたり。そういう、業務妨害的な脅しや嫌がらせが相当あるのは事実です。

私は「全国ヤミ金融対策会議」の代表幹事であり、六万社を超えるヤミ金業者を告発してきました。前述したとおり、私たちの告発の結果、山口組系五菱会系ヤミ金グループが摘発され、山口組本部の捜査が行なわれました。ですが、私の法律事務所に対する、ヤミ金業者からの直接的な業務妨害は、これまでほとんどありませんでした。彼らも個々の弁護士がどういう人間なのか、見極めているのですよ。

彼らが嫌がるのは、告発され、捕まって刑務所に行くことです。

昔の任侠《にんきょう》映画では、ヤクザというのは義理人情の世界で、刑務所に行くのは勲章だ、というように描かれていました。しかし、いまの暴力団は、ラクして儲けることばかり考えている。刑務所に行くような「割に合わない」ことは大嫌いな人間ばかりなのです。だから、そういう犯罪者集団に対しては、毅然《きぜん》として告訴・告発すればいい。私はそういう態度を貫いてきたから、「この弁護士は怒らせないほうがいい」と思われ、警戒されているのではないでしょうか。

## 告発状と告訴状の書き方を教えるべき

詐欺の被害に遭ったのに、警察に行っても取り合ってもらえず、泣き寝入りするしかないと思っている人がいます。

気の毒なのは、家族から責められるケースが多いことです。「お前がちゃんとしていないからダメなんだ」というように。さらにひどいのは、被害に遭ったことが知れ渡ったため、地元の郵便局や銀行や商店を利用するのが憚《はばか》られて、隣町まで行くしかなかったという被害者がいることです。騙したやつが悪いのに、被害者が居たたまれない状況に置かれる。とんでもないことです。

ヤミ金や振り込め詐欺などの被害に遭った人がまずやるべきことは、送金先の口座を止めることです。仮にお金が残っていなくても、口座を止めてください。そうすると、次からはもう、その口座は犯罪に使えなくなりますので、犯罪者集団にとってダメージとなるのです。もし、お金が残っていたら、あとから振り込め詐欺被害者救済法によって被害金の返還を受けることもできます。

それから、きちんと告訴・告発をする。泣き寝入りしないで、どんどんやるべきです。私の持論ですが、高校ぐらいから、告発状と告訴状の書き方を教えるべきです。

いまは、消費者の権利としての「クーリングオフ」のやり方は教えられているようですが、告訴・告発の方法は教えられていません。告訴・告発は、捜査権を発動させる契機になるわけですから、国民の税金で運営されている警察としては、国民から告訴・告発がなされた場合は、きちんとこれを受理すべきなのです。

先ほども少し触れましたが、どうしても警察が告訴状を受け取らないので、内容証明で送りつけたことがあります。その結果、告訴に基づいて警察が動き、悪質業者が捕まりました。しかも、被害者が悪質業者側の刑事弁護人を通じて被害金を取り戻すことができたのです。

日本人は、いまだに泣き寝入りするケースが圧倒的に多いのですが、それ自体が、悪質業者を野放しにする要因になります。しっかりと警察を動かすことが肝要なのです。

## 騙す側と騙される側のグレーゾーン

最近は、暴力団の世界でも、いわゆる「シノギ」をあげるのが難しくなってきているようです。上納金を納められなくて暴力団の組長が自殺したというケースもありました。

法改正や規制が進む中で、悪質業者は、自分たちが生き残っていくために犯罪の技術を〝向上〟させ、洗練させます。その過程で、彼らはよりプロフェッショナルな犯罪者集団へ変貌していきます。

それによって、犯罪の様態そのものが変わってきました。そのことに、私たちは充分な注意を払わなくてはなりません。

かつての、たとえば豊田商事を思い返してみましょう。

豊田商事にはテレホンセンターがあって、まず、そこで片っ端から電話をかける。そして、脈がありそうな客を営業マンが訪ねていって、「金《きん》を買っておくと必ず値上がりしますよ、買いませんか」と勧誘する。購入の意思を示した人に対しては、「お宅が持っていたら危ないから、ウチに預けてください。一年預けたら一〇%、二年預けたら一五〜二〇%。賃借料も払いますよ」と言って金を買わせて、「純金ファミリー証券」と称する預かり証を渡していたわけです。

そこでは、「騙す側」と「騙される側」が厳然と区別されていました。しかし、その後、私が手掛けたＫＫＣとかオレンジ共済とか全国八葉物流などのケースでは、いわゆるマルチ型、ネズミ講型の悪質商法に変わってきています。被害者が、紹介料を得るために新たな被害者を集めるというやり方です。最初の人は、自分で出資したのだからその時点では被害者ですが、他人を勧誘することによって加害者に転化する。他人を勧誘して、その人が出資した何%かをマージンとして受け取ったり、紹介料を受け取ったりするシステムをつくったわけですね。

ＫＫＣは「経済革命倶楽部」の略ですが、「一〇〇万円を出せば三四〇万円になって返ってくる」という〝うまい話〟で会員から出資金を募る商法でした。ＫＫＣの組織は、本部↓区部↓支部↓会員の順で、全国に二五の区部と三九〇の支部が組織されていました。約一万二〇〇〇人の会員は、必ずどこかの区部か支部に所属しなければならず、区部長や支部長は会員の数、すなわち出資金の量を増やせば増やすほど手数料（配当金）をもらえるため、会員の勧誘に狂奔します。この結果、きわめて短期間のうちに会員が急増したのです。しかしKKCには、高額な配当を生み出せるような事業の実態はありませんでした。

KKC事件では一万人を超える被害者が出ましたが、KKCの社員はわずか十数人。あとは、次から次へ新会員を勧誘していくマルチ型ピラミッド組織だったわけです。全国八葉物流事件でも四万人近い被害者が出ましたが、全国八葉物流の社員数もごくわずかです。

つまり、豊田商事のように「騙す側」と「騙される側」が判然としていない。したがって、中間的な人は被害者でもあり加害者でもあるため、被害者救済が非常に難しくなってしまいました。

そういった状況を踏まえて、私たちは、ピラミッドの末端にいた純粋被害者の弁護依頼だけを引き受けました。ピラミッドの上の人の依頼を受けると、その人に騙されたという依頼者もいるわけですから、ゴチャゴチャになってしまう。末端で、誰も勧誘していない被害者だけによる組織と弁護団をつくって、KKCや全国八葉物流を破産に持ち込んだのです。

ただ、ＫＫＣや、その後の和牛預託商法の段階までの悪質業者は、会社や店舗、牧場、牛などが存在しており、目に見え、形のある具体的な存在でした。そこには家や土地や資産など、いろいろな「物」が残っていたので、破産申立をして、破産管財人がこれらの財産を換金して被害者に分配することも可能だったのです。

ところが、いまの振り込め詐欺をはじめとする特殊詐欺などの犯罪を見ていると、まず「会社そのものがない」ケースが多いわけです。振り込んだ口座はあるけれど、金はすぐ引き出されていて、しかも他人名義の口座だから、そこから足がつかない。こうなってしまうと、被害者がお金を取り戻すには、犯人を捕まえるしか手段がありません。

だからこそ、繰り返しになりますが、警察に対する告訴・告発が大切なのです。

## 悪質ＮＰＯ

ＮＰＯ法人というと、ボランティア活動や社会福祉など「いいことをする」団体だというイメージがあると思います。

もちろん、そういう団体が多数だとは思いますが、中には注意しなければならない「悪質ＮＰＯ」が存在します。暴力団系統やかつてのヤミ金の流れを汲《く》む業者が、ＮＰＯの認証を取っているケースがあるのです。

貸金業の登録チェックもずいぶんと甘いものでしたが、ＮＰＯの認証は、それよりもさらに甘いのです。悪質業者はそれに目をつけて、内閣府、経済産業省、東京都などでＮＰＯ法人の認証を得たうえで、それを前面に出して「一人で悩んでいませんか」「借金苦を解決します」などと宣伝する。ＮＰＯとして、消費者センターにチラシを置いたりポスターを貼ったりしていた業者もありました。

また、次章で詳述する「紹介屋」ビジネスを行なっていたＮＰＯもありました。ボランティアを謳ってチラシなどで多重債務者を集め、その多重債務者を提携弁護士に斡旋《あっせん》して紹介料を受け取っていたのですが、提携弁護士から支払われる紹介料は、ＮＰＯへの「寄付」という名目で支払われていました。それによって摘発が難しくなるとともに、支払う弁護士側にとっても、寄付金として処理すれば税制上の優遇措置が受けられます。双方にメリットがあるやり方です。

私が依頼された事件の中に、NPO法人「やまびこ会」事件があります。

「やまびこ会」は、有害排出物の発生を抑制することを可能にした「地球に優しい焼却炉」「環境問題に配慮した焼却炉」である「やまびこボイラー」を米軍基地などへ販売することにより高収益が得られると説明し、高配当を約束して多くの高齢者などから出資金を集めました。しかし、実は架空の焼却炉販売事業で、出資金を集めるだけ集めて、逃げてしまったのです。これにより、約八〇〇人、総額約一五億円の被害を出したのですが、この「やまびこ会」も、NPO法人の認証を受けていました。NPOを騙《かた》るのではなく、正式に認証を取っていたわけです。

実はこれが、何度か述べている「警察が告訴状を受理しないので、内容証明で送った」事件です。一年後ぐらいに業者が捕まり、刑事弁護人がついて示談をした結果、私の依頼者に関しては、被害金を全額取り戻すことができました。

なお、こういった詐欺犯罪では、「一回狙われた人がまた狙われる」というパターンが多い。犯罪者の業界では、被害者リストは前述したように「カモリスト」と言われ、犯罪者仲間の間で高額で売買されています。

同じように、悪いことをするやつは、また別のところで悪いことをやります。一例を挙げれば、ある和牛預託商法の幹部は、かつてＫＫＣの幹部でした。

被害者も加害者も、連鎖するのです。

# 第三章　整理屋と提携弁護士

## 「宇都宮健児」名で郵送された偽ダイレクトメール

前章で述べたように、近年、「被害を取り返してあげる」という言葉に藁《わら》をもつかむ思いで近づき、また被害に遭う「被害回復詐欺」が多発しています。彼らは弁護士を名乗ったり、ときには消費生活センターを名乗ったりして被害者に接近します。

被害者、とりわけ高齢者は身寄りがなかったり、周りに相談する人がいない場合が多く、おまけに、大変な損害をこうむったという強い被害感情がありますから、「取り返してあげる」と誰かが言ってきたら、つい信用したり、いい方向に解釈するわけですね。それを逆手にとられてしまうわけです。

実は、私の名前も使われたことがありました。そのとき、「これは本当に危ないぞ」と実感したのです。

私の名前を騙ったダイレクトメールが送られたのは、二〇〇四年八月のことでした。詳細については「消費者法ニュースNo.62」（二〇〇五年一月）に報告しましたが、あらためて、当時の顚末を振り返っておきましょう。

二〇〇四年八月二六日、「転居先不明」「転送期間経過のためお返しします」などという朱色のスタンプが押されたダイレクトメール（DM）一五通が、事務所に返送されてきました。表には「宇都宮健児法律事務所」と印刷されており、あたかも私が出したかのように思われるDMでしたが、まったく覚えのないものでした。宛先は、東京都、宮城県、神奈川県、愛知県、岡山県、広島県などの住所が記載されている個人でした。

DMを開けると、私の顔写真（インターネットから入手したものと思われる）と経歴、任意整理手続きと自己破産手続きの流れ、任意整理、民事再生、破産の弁護士費用一覧、そして「はじめに」という私の文章が掲載されていました。この文章は、二〇〇四年五月に出版した私の著書から盗用したものと思われます。

DMには、「誰にも打ち明けられない思いを、誰にも知られず解決します」「二三名の精鋭弁護士が、あなたを守り抜きます」といったタイトルが朱色の太字で印刷されており、「このハガキは警視庁ヤミ金取締本部と日弁連の事件情報により被害者救済のために発送しています」とも記載されていました。

これを見れば、私が出したDMと思うでしょう。しかし、私の事務所の名称は「宇都宮健児法律事務所」ではなく「東京市民法律事務所」です。また、ＤＭに記載された住所はビルの八Ｆとなっていましたが、実際は七Ｆです。事務所が入居しているビルに八Ｆはありません。そして、記載された電話番号（フリーダイヤルと固定電話）は、事務所の電話番号とはまったく異なるものでした。

私は、何者かが私の名前を騙って犯罪行為を働こうとしていると考えました。そこで、こちらの電話機に録音装置を設置して、ＤＭに記載されたフリーダイヤルに電話してみました。そのやり取りの一部を抜粋します。

「事務局長のサクライと申します」

――あなた、宇都宮健児法律事務所の事務局長なんですか。

「……あなたは？」

――私は弁護士の宇都宮ですよ。

「ちょっと待ってください。（保留音）えー、折り返し先のお名前と電話番号よろしいですか？」

——折り返してもよろしいですかっていうのは、どういうことですか。私の事務所にたくさんハガキが返ってきているんですよ。で、そこのダイヤルに電話しているところなんですよ。

「はい」

——〝宇都宮健児法律事務所〟っていうのは、もう弁護士会に登録してないんですよ。

「あ、そうなんですか」

——これ誰がやってるんですか？　首謀者誰ですか？　あなたが首謀者ですか？　これ刑事告発しますすよ。

「とりあえず、折り返しますね」

——折り返すどころじゃないですよ。

「すいませんけど、ちょっとわからないんで」

——わからないってことはないでしょう。あなた、私の名前使って何やってんですか？

「……（切れる）」

私はすぐに所属する東京弁護士会に報告するとともに、被害の発生を食い止めることが何より大切だと考え、ただちに記者会見をしてこの事実を公表しました。そして、警視庁生活経済課の担当者に資料を提出し、弁護士法違反（非弁護士の虚偽標示等の禁止）、偽計業務妨害、私文書偽造・同行使などの罪で事実上、刑事告訴しました。同時に、東京弁護士会を通じて、ＤＭに記載されているフリーダイヤルと固定電話の設置場所及び契約者の氏名などを問い合わせる、弁護士法に基づく照会請求を行なったのです。

警視庁の担当者の話では、電話の設置場所に行ってみたらすでにもぬけの殻で、また、電話の契約者の自宅ドアには「金返せ、この野郎！」というはり紙があったということです。電話の契約者は多重債務者かヤミ金被害者で、犯人グループに利用されていた可能性が高いということでした。

犯人グループの狙いは何だったのでしょうか。考えられるのは、①多重債務者やヤミ金被害者から弁護士費用を名目に金銭を騙し取ろうとした、②電話してきた多重債務者・ヤミ金被害者を「提携弁護士」の事務所に紹介して紹介料を稼ごうとした、③宇都宮に対する嫌がらせ行為、の三つです。しかし、私に対する嫌がらせ行為にしては、数万通のDMの印刷・発送費用、ビルの賃貸料、人件費、電話の設置料など、あまりにも費用をかけすぎているので、おそらく①か②であったと思われます。

いずれにしても、長年、多重債務者の救済活動をやってきた私の社会的信用を逆手にとり、犯罪行為の手段として私の名前を利用したことは、絶対に許せません。

## 弁護士業務広告の解禁

いま、電車の中吊《なかづ》りなどで、「●●法律事務所」「●●司法書士事務所」という広告をたくさん目にすると思います。テレビやラジオでも、弁護士事務所や司法書士事務所のCMが盛んに流れています。そういった広告は、ほとんどの場合、「債務整理」や「過払金請求」などを謳っているはずです。

弁護士業務広告が解禁されたのは、二〇〇〇年一〇月一日のことです。これによって、新聞折り込み、ダイレクトメール、電話ボックスのチラシ、スポーツ新聞、インターネットなども含めて、あらゆるところで広告活動を行なうことができるようになりました。

私たちは、この広告解禁に反対していました。その理由は、当時から、「整理屋」とつながる提携弁護士の存在が確認されており、広告を自由化すると、整理屋や提携弁護士に食い物にされる多重債務者の被害が拡大すると予想されたからです。

弁護士業務広告が合法化される前は、「紹介屋」が貸金業やNPO法人の広告を出し、借り入れや債務整理の相談に来た多重債務者に提携弁護士事務所を紹介して、紹介料を受け取る。そして提携弁護士の事務所には整理屋が入り込んでいて、提携弁護士の名前を使って債務整理をする。このような手口が一般的でした。

ところが、弁護士業務広告が解禁されると、整理屋が提携弁護士の名前で堂々と広告を出して多重債務者を集められるようになったのです。

## 法律事務所と同化する整理屋

あらかじめ断っておきますが、私は、広告を出している法律事務所が「すべて」提携弁護士の事務所だと言いたいわけではありません。

ただし、積極的に広告を出している法律事務所の中には、整理屋と提携している、危ない事務所が含まれているという事実を知っておいていただきたいのです。

整理屋と提携している法律事務所を見分けることは、簡単ではありません。ただし、いくつかの特徴はあります。

その種の事務所は、通常、大量に債務整理事件を扱っています。したがって、弁護士が多重債務者と直接面談をすることはほとんどありません。その代わりに、事務所に入り込んでいる整理屋が、多重債務者と面談して債務整理を行なっているのです。

提携弁護士は、こうした整理屋に名義貸しをしているわけです。

なぜ弁護士の名前が必要かというと、前述したように、貸金業規制法で「弁護士が債務整理事件を受任した後は、貸金業者は直接、多重債務者本人に取立てをしてはいけない」という取立規制が入っているためです。弁護士の名前で通知を出せば、多重債務者が一〇社、二〇社、あるいは一〇〇社から借りていようと、取立てが止まる。債務者は、それで「救われた」と思って、債務整理のための返済資金を、毎月、提携弁護士の事務所に送るようになる。そういうシステムです。

弁護士は名義を貸しているだけで、実際の債務整理はほとんど整理屋が実行しているのです。弁護士自身は、当事者である多重債務者と面談もせず、債務整理にも関与していないのに、名義貸料として顧問料名目で月五〇万円とか、多い場合は月三〇〇万円ぐらいもらっているのです。

なお、弁護士法の七十二条では、以下のように規定されています。

弁護士又は弁護士法人でない者は、報酬を得る目的で訴訟事件、非訟事件及び審査請求、異議申立て、再審査請求等行政庁に対する不服申立事件その他一般の法律事件に関して鑑定、代理、仲裁若しくは和解その他の法律事務を取り扱い、又はこれらの周旋をすることを業とすることができない。

周旋とは、斡旋のことです。要するに、非弁護士が法律事務を取り扱ったり、斡旋したりすることを禁止しているわけです。

また、同法二十七条には、「弁護士は、第七十二条乃至第七十四条の規定に違反する者から事件の周旋を受け、又はこれらの者に自己の名義を利用させてはならない」と、非弁護士との提携を禁止する規定があります。つまり、弁護士でない整理屋や紹介屋は七十二条に違反し、整理屋に名義を貸す弁護士や紹介屋から多重債務者の紹介を受ける弁護士は二十七条に違反することになります。弁護士法七十二条、二十七条に違反すると、二年以下の懲役または三〇〇万円以下の罰金に処せられることになります。

## 整理屋はなぜ逮捕されにくいのか

整理屋と提携して名義貸しを行なっている弁護士には、ヤメ検（元検事の弁護士）とかヤメ判（元判事）が多く、最近でも逮捕されている例があります。

また、整理屋の一部は暴力団とつながっていると思われます。実際、悪質な提携弁護士を懲戒請求するたびに、私の事務所には、その筋から嫌がらせの電話がかかってきたり脅迫的な文書が送られてきています。

整理屋にはいくつかのグループがあり、それぞれのグループには元締めの親分が存在して、法律事務所に整理屋を派遣しています。派遣先の法律事務所の通帳の管理はほとんど整理屋がやり、上納金をグループの元締めに納めているわけです。弁護士は名前を使わせているにすぎない。法律事務所の実質的な経営者は、整理屋なのです。

困るのは、弁護士業務広告の解禁によって、こういった整理屋が逮捕されにくくなってしまったことです。

広告解禁前は、被害者に「誰に弁護士を紹介されたのですか」と聞くことで、紹介屋の存在がわかりました。貸金業やＮＰＯ法人の広告を打ち、集めた多重債務者を提携弁護士事務所へ紹介するのが紹介屋であり、紹介屋から紹介された提携弁護士の事務所には整理屋が入り込んでいることがわかったのです。

ところが、最初から提携弁護士の名前で広告を出すようになると、紹介屋が介在しなくなるので、その事務所がまともな弁護士事務所なのか、提携弁護士の事務所なのか、わかりにくくなります。整理屋は、外部から見ると、法律事務所の事務員のようにしか見えません。彼らはだいたい、「[redacted]法律事務所　事務局長」というような肩書きの名刺を持っていて、実際、事務所の中のデスクに座っています。素人がすぐに見分けられるものではありません。

そして、このような整理屋は高収入を得ているので、現状では、内部告発もほとんど期待できません。

## 整理屋が広告解禁を喜ぶ理由

彼らにとって、広告解禁がいかにありがたいことか。それを示す証拠を、紹介しましょう。以前、私の事務所に送られてきた、嫌がらせファックスの文面です。

宇都宮健児先生へ

どうもこんにちわ。ぼくはあなたの大嫌いな「整理屋」の一味です。本当にあなたには苦労させられました。うちなんか赤字ですよ。赤字。そんなことより、一緒に祝ってもらいたいことがあるんです。「弁護士広告解禁」ですよ。

これからは紹介屋なんか使わないで、自分たちで合法的に広告を打ちます。金都合してきて、月1千万分は広告打ちます。ダイレクト・メールもサラ金リスト買って、月3万件打ちます。「債務整理しないあなたはバカ」なんてやれば、月何百人も依頼者が集まりますよ！　バリバリ稼ぎます。これで毎日銀座に飲みに行けます。

せいり　たろう　より

また、債務整理関係の広告では、ある段階から司法書士の広告が増えてきました。司法制度改革の一環として二〇〇三年に施行された「改正司法書士法」により、法務大臣の認定を受けた司法書士（認定司法書士）が、簡易裁判所の訴訟代理権を持てるようになりました。

前述したように、貸金業規制法で、「弁護士が債務整理事件を受任した場合は、貸金業者は直接、多重債務者本人に対して取立てができない」という取立規制が導入されましたが、認定司法書士が債務整理の受任を受けた場合でも、貸金業者は多重債務者本人に対して、直接、取立てができないことになったのです。

この結果、整理屋が認定司法書士の名義を借りて、受任通知を出せば、多重債務者本人に対する貸金業者の取立てが止まるようになったので、司法書士の名義を借りる整理屋が出てくるようになったのです。司法書士は、弁護士よりもずっと「安く使える」存在なので、司法書士と組む整理屋グループが増えているのです。

## 提携弁護士たちの悪行

過去、整理屋や提携弁護士によって、どのような被害が生じたのか。具体的に見ていきましょう。

たとえば、首都圏を中心に新聞の折り込み広告で多重債務者を集め、債務整理を行なっていた整理屋グループ「消費者金融懇話会」のメンバー一三人、及び彼らと提携して月額五〇万円の名義貸料を受領していた元大阪弁護士会所属のN弁護士が、横浜地方検察庁によって逮捕された事件があります。「消費者金融懇話会」とN弁護士は、一年半の間に約一〇〇〇〇人の多重債務者を集め、入会金や弁護士費用の名目で約二億五〇〇〇万円を集めていました。N弁護士には、預かっていた債権者への返済金を横領していた疑いが生じ、東京弁護士会が綱紀委員会に調査を命じています。

また、東京弁護士会に所属するO弁護士も、整理屋から顧問料名目で月額三〇万円を受け取っていたことが明るみに出ました。このケースでは、途中で整理屋がいなくなったために、債務処理を実行できなくなったのです。東京弁護士会には、債務者と債権者の両方から苦情が殺到しました。これを受けて、東京弁護士相談センターのクレジット・サラ金問題担当弁護士が一斉相談会を開いて案件を引き継ぐことになり、私もそれに関与しました。

その過程で、債務者が債権者に支払うために送金した金額のうち、約二億円を、整理屋とO弁護士が横領していたことが判明したのです。O弁護士は、所有していた不動産を処分して被害者に弁償すると約束したのですが、不動産を処分する前にO弁護士は離婚して、不動産をすべて離婚する妻の名義に移しました。そして、妻が不動産を全部売却して蒸発してしまったのです。私たちは被害対策弁護団をつくってO弁護士の破産申立を行ない、破産管財人がO弁護士の妻を探し出して売却代金の返還交渉をしました。その結果、なんとか不動産売却代金の半額を取り戻して、被害者に配当することができたのです。

一九九九年六月から二〇〇〇年七月にかけては、合計七人の提携弁護士が、警視庁や東京地検特捜部に弁護士法違反で相次いで逮捕されています。同年三月に東京国税局は、整理屋の「大谷グループ」と「コスモリサーチグループ」を、所得税法違反と法人税法違反の罪で東京地検特捜部に刑事告発していました。それにより、東京地検特捜部は大谷グループ幹部二人とコスモリサーチグループ幹部一人を逮捕しています。

一連の逮捕者の中のM弁護士（東京弁護士会所属）は、一七〇〇人の債務を扱っており、債務者の居住地域は北海道から九州まで全国に及んでいました。当時は、ここまで広範囲から債務者を集める事例は稀《まれ》でしたが、弁護士業務広告が解禁され、加えてネットが普及した現在では、それが当たり前になってきています。

二〇〇〇年七月に逮捕された、元東京高検検事のD弁護士は、二年間で約二七〇〇件、総額八九億円の債務整理の依頼を受け、一〇億円前後の報酬を得たと見られています。

## 危ない弁護士の見分け方

最近でも、このような提携弁護士が逮捕される事件が続いています。二〇〇八年二月には、貸金業者から多重債務者の斡旋を受け、弁護士報酬の一部を紹介料名目に貸金業者に支払っていたとして、大阪弁護士会所属のK弁護士とT弁護士が弁護士法違反（非弁護士との提携）の容疑で大阪府警に逮捕されています。したがって、依頼する側はしっかりと弁護士を見分けなければなりません。

第一に、素性のよくわからない第三者から紹介される弁護士には、注意してください。
また、直接訪ねて行きづらい遠方の弁護士も避けたほうが賢明です。困っていることがあれば、「地元」の弁護士会の多重債務相談窓口に相談して、弁護士を紹介してもらうことが基本です。

本人が一度も面談してくれない弁護士や、遠方に住む多重債務者の依頼を積極的に受けるような弁護士には警戒が必要です。弁護士の数があまり多くないのに大量の債務整理事件を取り扱っている法律事務所も要注意です。

それから、利息制限法による引き直しを計算しないとか、破産になった場合に、破産審尋や免責審尋の期日に弁護士が裁判所に出頭しない、といった場合も同様です。費用が高額なのにその理由が明確でない、途中経過を聞いてもあまり教えてくれない……。そんな場合も、即、弁護士会に相談に行かれたほうがいいと思います。弁護士費用については、弁護士会の法律相談センターなどが定めている「弁護士費用基準」というものがあります。それを大きく上回るような場合は要注意と思うべきです。

Kという提携弁護士が、弁護士会からの退会命令処分を受けたことがあります。この退会命令には私も関与しました。事務所に弁護士はK一人だけなのに、アルバイトを含めて一〇〇人近くの事務員を雇い、約七〇〇〇人もの債務整理事件を扱っていたのです。

このケースでは、多重債務者からの預かり金のうち、約五億五〇〇〇万円の返還が不能となっていました。つまり、五億五〇〇〇万円を〝抜いて〟いたわけです。被害に遭った多重債務者らの破産申立により、K弁護士は、東京地方裁判所から破産宣告を受けました。

K弁護士は、弁護士業務広告解禁後に、大量の広告を打って債務者を集めた典型例です。実際、彼の事務所は、JR、私鉄、地下鉄、都バス、一般紙、スポーツ新聞、週刊誌、漫画雑誌、インターネットなどで大量の広告を打っていました。私が、いま巷《ちまた》にあふれている弁護士業務広告に注意してほしいと申し上げるのは、このような事例があるからです。

ちなみに、K弁護士に退会命令を出したときには、整理屋グループの元締めが私のところに脅しの電話をかけてきました。電話には私の事務所の事務員が出たのですが、彼は「私は悪徳弁護士を追放する会の会長だ。K弁護士の懲戒請求が気に入らない。Kはヤクザも助ける本当の弱者の味方だ。なぜ懲戒しないといけない。宇都宮こそ、金持ちしか相手にしない悪い弁護士じゃないか」とまくし立てたそうです。

いまでも整理屋グループは横行しています。そして、前述したように、弁護士業務広告解禁後は、摘発がきわめて難しくなっているのです。

私は日弁連会長の任期中（二〇一〇～一二年）に、何とか手を打たなければと思い、二〇一一年二月、弁護士本人による面接、報酬の上限規制などを内容とする「債務整理事件処理の規律を定める規程」を制定しました。

ある法律事務所はそれに対応するために、弁護士法人の支部を各地につくり出しています。面談原則に抵触しないよう、弁護士を各地で大量に採用して、全国広域での債務整理事件を取り扱おうとしているのです。

## 提携弁護士の末路

債務整理事件を、大量に、かつシステマティックに取り扱っているところは、専らビジネスとしてやっているので、その人の生活がどうなろうと関係ありません。

特に、過払金請求事件などは早く現金を回収しやすい。したがって、多重債務に苦しむ人の相談を受けるよりも、過払金がとれそうな事案だけを優先的にチョイスして、受けていく傾向があります。

司法制度改革で弁護士の数が急増したため、過当競争で思うように仕事が得られず、経済的に苦しい状況に置かれる弁護士が増えています。そういう弁護士にとって、過払金請求事件というのは手っ取り早いビジネスなのでしょう。

そして、再三述べているように、反社会的なグループと背後でつながっていることが重大です。

ある意味では、提携弁護士もかわいそうな面があるのです。中には最初は月に二〇〇万、三〇〇万円の名義貸料をもらっていたのが、だんだん整理屋グループからアゴでこき使われるようになり、最後は五〇万円ぐらいに値切られたあげく、弁護士会で非弁提携が問題になった後、自殺してしまった提携弁護士もいます。

# 第四章　跋扈する貧困ビジネス

## 年収二〇〇万円未満が一〇〇〇万人、貯蓄ゼロ世帯二六%

前述したように、私がサラ金事件に取り組み始めたのは一九七〇年代後半ごろからでした。日本社会は、高度成長期とバブル経済期の狭間《はざま》の時代でした。経済が好調とはいえない時代でしたが、いまのように雇用が破壊されていなかったため、貧困や格差はそれほど広がってはいませんでした。当時の多重債務者は借金さえ整理できれば、生活再建が可能でした。

ところが一九九〇年代以降、貧困と格差が広がり、特に非正規労働者が激増しました。二〇一三年時点で、年収二〇〇万円未満の人が一〇〇〇万人を超え、非正規労働者は二〇〇〇万人を突破して全労働者の三八・二%、すなわち三人に一人以上が非正規労働者になっているという現実があります。

また、金融広報中央委員会の統計によれば、一九八〇年代は全世帯のうち「貯蓄ゼロ世帯」が五%前後だったのが、一九九〇年代は一〇%前後となり、そして現在は二六%を超えているのです。四世帯に一世帯は貯蓄ゼロです。また、年金だけでは生活できない高齢者も急増しています。

このような状況下では、借金を整理しただけで生活を再建することはできません。一度は借金から逃れられても、新たな生活資金を得る必要に迫られて、再び、悪質なヤミ金に狙われてしまう。そのようなケースが続出するようになりました。

債務整理や自己破産をした人は、五年から一〇年、信用情報機関の事故情報――いわゆる「ブラックリスト」に載ってしまいます。そうなれば銀行からお金を借りられないし、サラ金やクレジットも貸してくれません。そういう人がお金を借りるとしたら、ヤミ金しかない。したがって、ヤミ金から融資勧誘があると、すぐ手を出してしまうわけです。

九〇年代以降の多重債務者救済においては、借金を整理するだけでなく、その後の生活の面倒まで見なければなりません。私が相談を受けた多重債務者の中には、何回も債務整理したのに、また五〇社、六〇社のヤミ金から借りてしまう人がいました。理由を聞くと、「生活ができないからだ」と言います。

こういう場合は、生活保護の申請をアドバイスします。生活保護を利用できれば、ヤミ金から借りなくても済むわけです。

## 周知されていない「生活福祉資金貸付制度」

あるいは、社会福祉協議会が窓口になっている「生活福祉資金貸付制度」を利用してもらう選択肢もあります。

貸金業法が二〇〇六年に改正された後、政府が多重債務者対策本部を設置し、そのもとに有識者会議が設置されました。私はそのメンバーになり、さまざまな提案をしました。貸金業者を規制するのはいいけれど、それだけでは、いままでお金を借りなければ生活できなかった人たちに資金を供給する場所がなくなるという問題が生じます。そこで、生活福祉資金貸付制度を利用しやすくする提案をしました。セーフティネットを充実させないと、「わるいやつら」の餌食《えじき》になってしまうからです。

それまでの生活福祉資金貸付制度は、緊急小口貸付制度以外は、連帯保証人を必要としていました。ところが、低所得者や貧困者は、保証人を頼める人が非常に少ないのです。ですから、保証人を要求される貸付制度は事実上利用できませんでした。年越し派遣村のときの、派遣切りに遭って野宿を余儀なくされた労働者も同じで、保証人を依頼することなど無理なのです。前出の有識者会議で、私は「社会福祉協議会の生活福祉資金は、保証人の要らない制度にすべきだ」と提案し、受け容《い》れられました。現在は、保証人なしでも年一・五％の利息でお金を借りられます。保証人をつけられる場合は、金利は〇％で借りられます。

このような制度があるのに、あまり宣伝されていないことが残念です。制度があることを知らなければ、新たな形態のヤミ金の餌食になってしまう。そのような人が跡を絶ちません。いま一番必要なのは、債務整理と、その後の生活再建をワンセットで手助けすることなのです。

## 「関係の貧困」に付け込む

多重債務から一度は解き放たれても、再び負の連鎖に陥る。そうやって増大する貧困者を標的にした、悪質なビジネスが横行しています。これらを総称して「貧困ビジネス」と呼んでいます。

貧困ビジネスの特徴は、貧困当事者を食い物にして利益をあげることです。被害者は深刻な生活困窮に追い込まれており、情報に接する機会が少ないことも、被害を大きくしている一因です。

いまの貧困者は、経済的に貧しいだけではなくて、社会的、人間的に孤立している人が多い。私たちはそれを「関係の貧困」と呼んでいます。その「関係の貧困」に付け込んでいくのが、貧困ビジネスの特徴です。

そもそも、私がこれまで取り組んできた高利金融業者の世界も、貧困ビジネスでした。もともと裕福な人は、怪しげな高利金融業者から借金などしないのですから。

サラ金、商工ローン、日掛け金融、違法年金担保金融、ヤミ金、カード現金化商法、偽装質屋……。前述したさまざまな手口も、貧困ビジネスという視点から、あらためて位置づけるべきなのかもしれません。

## 無料低額宿泊所で生活保護費をピンハネ

貧困ビジネスとしてよく指摘されるのが、悪質な「無料低額宿泊所」の問題です。

ホームレスに声をかけて自分たちが経営する施設に連れていき、生活保護を利用させる。

受けとった生活保護費は業者が管理して、本人には月二、三万円の小遣いしか渡さない。宿泊施設そのものは質が低く、食事も劣悪な場合が多い。大阪あたりでは、そういう業者を「囲い屋」と呼んでいるようです。

一九九〇年代の終わりから二〇〇〇年初めにかけて、無料低額宿泊所が爆発的に増えました。二〇一〇年六月時点で、一万四九六四人が全国各地の無料低額宿泊所で暮らすほど、このような施設が多くなっていたのです。その中に、悪質な業者が多数、含まれているわけです。二〇〇八年暮れから二〇〇九年の初めにかけて取り組まれた年越し派遣村にも、そういう施設から逃げ出してきた人がいました。

現在でも、悪質な無料低額宿泊所の問題は解決されていません。そもそも、ホームレスが入居できる低家賃の公共住宅がないことが問題なのです。

後述する「ゼロゼロ物件」とか「追い出し屋」の問題とつながりますが、たとえば東京都は、石原都政になってからの一三年間、都営住宅を一戸もつくっていません。都営住宅に代表されるような低額の公共住宅がほとんど提供されないから、無料低額宿泊所がはびこるのです。

また、ケースワーカーが少ないことも、貧困ビジネスが蔓延《まんえん》する遠因になっているのではないでしょうか。本来、貧困者の自立を支援するためには、ケースワーカーが定期的に訪問して、生活の立て直しを支援しなければなりません。しかし人数が少ないため、とても手が回らない。そこでさまざまな貧困ビジネス業者が、いわばケースワーカーの仕事を〝代行〟するわけです。無料低額宿泊所も、同じ構造です。本来なら行政が低家賃の公共住宅をつくったり、民間のアパートを借り上げたりして住居を提供すべきなのに、手が回らないから、民間の業者に任せてしまっているのです。

千葉にあったある低額宿泊施設から、年越し派遣村に逃げてきた人がいました。私はその施設へ行ったことがありますが、この施設の経営者のバックには、暴力団が存在すると言われていました。

声をかけられたホームレスが宿泊所に連れていかれ、生活保護費から家賃として四〜五万円とられ、さらに「食費」として五万円とられていたケースもありました。ところが、彼のところには、月に一〇キロの白米が届けられただけ。つまり、一〇キロの米代として五万円も搾取されていたわけです。

もちろん、ホームレスはこのような実態を知りません。したがって、ついつい、誘いに乗ってしまいます。特に、寒い時期に「部屋と食事を提供する」と言われたら、寒さと空腹に苦しむ人は、フラフラとついていってしまうのです。

## 野宿者に不要な治療をして保険点数を稼ぐ病院

それから、悪質な病院の問題があります。

奈良県大和郡山《やまとこおりやま》市の山本病院、大阪市の安田病院などで、貧困者を利用して保険点数を稼いでいたことが明るみに出ました。

二〇〇九年七月、山本病院の理事長と事務長が詐欺容疑で逮捕されています。この病院に入院していた生活保護利用者四五人のうち、一五人が大阪市内にいたホームレスだったのですが、心筋梗塞《こうそく》や狭心症の症状がないのに心臓カテーテル手術を実施していた。カテーテル手術では、一回につき六〇～一〇〇〇万円の診療報酬が病院に入るのです。NHK取材班による『逸脱する病院ビジネス』によると、朝は元気だった生活保護利用者の患者が、心臓カテーテルを施されて呼吸困難になり、死亡したことも報告されています。

また安田病院では、医師が基準の四割、看護師は三割しかおらず、あまりにも看護師が少ないために予定の点滴を打つことができず、毎日、大量の点滴液をバケツでトイレに捨てていたということです。この病院と系列の円生病院の入院患者六〇〇人のうち、生活保護利用者は三五〇人でした。

なぜこのようなことを病院がするのかというと、生活保護利用者には医療扶助が出るからです。

国民健康保険の場合は、通常、本人負担が三割ですが、患者の経済事情によっては、たとえ三割でも回収が難しいケースがあり得ます。しかし生活保護の医療扶助の場合は、全額が税金で賄われるのですから、回収不能のリスクがありません。

専門知識のない患者は、治療に関しては、医師に言われるがままです。こういった悪質な病院は、不要な治療、必要のない治療をどんどんやって点数を稼ぎ、高額な医療費を請求していたわけです。不正な医療費の出所は、私たちが納めている税金です。

## 「受けやすく、離脱しやすい」生活保護を

私が声を大にして言いたいのは、若くて健康な段階で生活保護を受けられるようにすべきだ、ということです。まだ充分に働けるときに利用できれば、その分だけ、早く再就職できます。しかし、現状の生活保護利用者は、高齢者、障害者、病者、母子家庭などの〝社会的弱者〟に集中しているのです。

若い人が行政の窓口に行くと、「まだ働けるから」と言われます。六五歳以下の稼働年齢の場合でも「働けるのだから、仕事を探しなさい」と、明らかにその人が路上生活をしているとわかっているのに追い払うわけです。そして、路上生活の中で健康を害してしまい、救急病院に担ぎ込まれた後にようやく生活保護が受けられる。しかし、その段階で生活保護を利用できたとしても、立ち直るのが大変だし、病気を治すための費用が余計にかかる。そして運が悪ければ、悪徳病院に捕まってしまう。

早いうちに生活保護を利用して、健康な状態でもう一回社会に送り出す。そのほうが、コストの面から考えても得策なのは明らかです。生活保護は「受けやすく、離脱しやすい」制度にすべきなのに、現状は「受けにくく、離脱しにくい」制度になっているのです。とことん体を悪くしてから、あるいは高齢になってから利用させるのは、実は、税金の無駄遣いにほかなりません。

二〇〇六年四月から五月にかけて、福岡県北九州市門司区で三名の餓死者が出ました。一件目は四月二一日、市営住宅で七八歳の母と四九歳の長女がともに餓死しており、二件目は五月二三日、市営住宅で五六歳の障害を持つ男性が餓死していました。後者のケースでは、男性は生前、二度にわたり生活保護の利用申請をしようとしたのに、市は申請書を交付せず、受付自体を拒絶するという違法行為を犯したのです。

また、二〇〇七年六月一〇日には、福岡県北九州市小倉北区で、生活保護申請を拒絶された六一歳の男性が、アパートの自室で首を吊って自殺しているのが発見されています。それまで北九州市は、「厚労省の直轄自治体」といわれて非常に評価されていました。なぜ評価されたかというと、「これ以上は生活保護を増やさない」という数値目標を決めて、申請者をどんどん切り捨てていたからです。このように申請者を窓口で追い払う〝水際作戦〟を徹底した結果、餓死者のほかに自殺者も出ました。隣の自治体までの切符を渡して、自分のところに生活保護を申請させないというひどいケースもありました。

生活保護費は、四分の三が国費で四分の一が自治体負担であり、申請を受け入れれば自治体の財政が逼迫《ひっぱく》するという事情がその背景にあります。本来は全額国費にすべきだと思いますが、まずは「受けやすく、離脱しやすい」制度にしていかなければなりません。

## 個人財産を勝手に撤去する「追い出し屋」

貧困問題で見逃せないのは、ハウジングプアーです。

前述のように、東京都では、石原都政の一三年間で都営住宅の新規の建設はゼロでした。低所得者が安心して住めるような公営住宅の提供がない一方で、民間の空き家は非常に増えている。同時に、不安定就労者、非正規労働者が多くなった。このような状況で横行しているのが、「追い出し屋」というビジネスです。

従来は、マンションやアパートに入居するには、敷金、礼金などを支払うのが一般的でした。しかし、こうしたアパートを借りる資金すら貯められない人が増えてきました。その結果、「敷金ゼロ、礼金ゼロ、保証人も要らない」という物件が、貧困者を対象に増えてくることになります。いわゆる「ゼロゼロ物件」です。手持ちに資金がなくても入居できるメリットはあるのですが、入居後は、わずかな家賃支払いの遅延でも、厳しい取立てが行なわれます。

私が関わったのは、「S」という会社が提供するゼロゼロ物件についての案件です。一時、都内のあちこちに「敷金ゼロ、礼金ゼロ」というピンク色の看板を立てて大々的に宣伝していた業者ですが、ここは、家賃の支払いが一日でも遅れたら、即刻、カギを取り換えてしまうのです。

通常、アパートの契約には「借地借家契約」が適用されるはずなのですが、ここの契約は「施設付カギ利用契約」となっていました。つまり、カギを貸しているにすぎないという理屈です。その契約をタテに、一日でも支払いが遅れたら、カギを取り換えられて追い出されてしまうわけです。当然ながら、カギを取り換えられてしまうと、住む場所がありません。仕方ないので野宿をしたりネットカフェで寝泊まりしたり、友達のところに泊めてもらうのです。

カギの交付を受けて部屋へ戻るためには、違約金を払わなければなりません。最初に裁判を起こした二〇〇八年ごろは、違約金を何回も払わされた人がいました。一番多い人は、一四回にわたってカギ交換と違約金の支払いを繰り返していました。

違約金は「賃料の一割相当額」がだいたいの基準ですが、加えて、「施設再利用料」というものが徴収されます。この人の場合は、二〇〇七年一月から二〇〇八年二月にかけて、違約金が四六〇〇円で、プラス施設再利用料が一万五七五〇円。合計で二万三五〇円を一回支払っていました。

さらにこの人は、二〇〇八年三月以降は、施設再利用料ではなく、「生存権確認出張料」という名目でお金をとられています。違約金の四六〇〇円プラス、生存権確認出張料として一万五〇〇円。合計で一万五一〇〇円を、都合三回とられています。この人は、合計すると二六万九一五〇円支払ったことになります。

ひどいケースでは、カギを取り換えて住人を締め出してから、アパートに勝手に入り込んで家財道具を捨ててしまったり、押収したりします。契約の際に、「家賃支払いが遅れたら、家財道具を撤去できる」と承諾書をとられていたからです。勝手に荷物を処分されてしまったために、保険証を失って必要な治療が受けられなかった人もいます。

しかし、このようなことは法的には無効です。「施設付カギ利用契約」自体も脱法行為で、利用形態を見れば、借地借家法が適用されて当然なのです。また、家賃滞納などを理由に大家が借地借家契約を解除したとしても、裁判手続きを経ないで実力で家財道具を撤去したり、カギを取り換えたりする「自力救済」は認められません。裁判を起こして、明け渡しの判決をもらったうえで強制執行するのが法治国家のやり方です。いきなりカギを取り換えて、アパート内の個人の持ち物を外に引っ張り出すなどという行為が許されるわけがありません。

そういうことに対する損害賠償請求、慰謝料請求はできるし、場合によっては刑事告訴もできます。本人に無断で部屋に入ったら、住居侵入罪。本人に無断で物を処分したら、窃盗罪、器物損壊罪に該当します。

実際に、私たちは「S」を刑事告発しました。その結果、Sは「施設付カギ利用契約」という契約形態をやめて定期借家契約の形態に変えて、いまも営業しています。

## 家賃保証会社の取立て

ゼロゼロ物件と類似のものは、家賃保証会社を入れて契約させる方法です。つまり、家賃保証会社との契約をしないと契約を結べない仕組みです。

この場合、敷金、礼金はゼロですが「保証料」をとられます。もしも支払いが滞ったら、家賃保証会社が家賃の立て替え払いをして、家賃保証会社が賃借人から家賃を取立てるのです。前出の「S」の場合は物件所有者が脱法行為をしていたわけですが、ここでは家賃保証会社が勝手にカギを取り換えたりしているのです。当然ながら、違法行為であることに変わりありません。

家賃保証会社には、昔のサラ金業者やヤミ金業者が流れているのではないかといわれています。彼らは取立てのプロですから。

先述したように、このような「追い出し屋」がはびこる背景には、民間アパートの空き家が激増していることがあります。入居可能な部屋はたくさんあるのですが、経済的に困窮している人が増えているため、長期的・安定的な賃借が期待できない。そこで、不安定な賃借人に対して強引な取立てをするなどして明け渡しに追い込み、次の入居者を探して「保証料」をせしめる。そうやって〝回転〟を早くするほうが、大家にとっても家賃保証会社にとっても、いいビジネスになるわけです。

「追い出し屋」の問題は再三国会でも取り上げられ、立法の動きもありました。提出された法案では、不当な取立て行為の禁止や、保証拒否による住宅確保困難者への情報提供や公営住宅への入居などの措置を講じることを、国と地方公共団体の努力義務としています。しかし、立法されないまま、現在に至っています。

## 脱法ハウス

このところ「オフィス」「倉庫」などと届けながら、極端に狭いスペースに人を居住させている「脱法ハウス」が問題となっています。

インターネットカフェ大手「マンボー」は、東京都千代田区の六階建てオフィスビルを改装し、約八〇室を貸し出していました。また、マンボーが、中野区内で「シェアハウス」として運営する木造二階建ての施設が、消防法違反の疑いで東京消防庁に指導されていたことが明らかになっています。三七の狭い部屋に分けられ、消防設備の不備があったということです。マンボー側は「レンタルオフィスだ」と主張しましたが、東京消防庁は住人の半数が住民登録をしていたことなどから、共同住宅と認定したということです。

「住まいの貧困に取り組むネットワーク」と「国民の住まいを守る全国連絡会」の調査に

よると、二〇一三年七月一一日現在、脱法ハウスの疑いのある物件が東京都内だけで九六件あり、室数は計一一〇〇室で入居者数は満室時で約二〇〇〇人になるということです。

## 派遣会社も貧困ビジネスの一環

見方によっては、いわゆる「派遣会社」も貧困ビジネスの一環と言えます。

安定したところに就職ができず困っている人を登録させておいて、高額な派遣料をピンハネしている。もっと言えば、派遣社員を雇う企業も、広い意味で貧困ビジネスと言えなくもありません。企業側も、正社員の場合は給与を人件費として処理しますが、派遣労働者の給与は「物件費」として扱われていると聞きます。つまり、商品の原材料の調整みたいなもので、たくさん必要な場合は調達して、必要ない場合は削減します。原材料ならそれでもいいですが、人間である派遣社員を、物扱いするのは許されません。

二〇〇八年のリーマン・ショック以降、いくつかの派遣会社の実態が明るみに出されました。さまざまな理由をつけてピンハネをしている、悪《あ》しき実態です。その背景には、派遣法の〝改悪〟がありました。一九八五年に労働者派遣法ができ、九九年に派遣の業種が拡大し、二〇〇四年には製造業派遣も認められ、爆発的に労働者派遣が広がっていきました。一日ごとに職場が違う「日雇い派遣」という形態も一般化しました。

このような働かせ方が可能になったのは、一方で貧困の広がりがあったからです。何カ月分かは食費や家賃に充てられる程度の貯蓄がある人なら、割の合わないところで派遣労働をすることには慎重になるはずですが、貯蓄がなく明日の食費にも困るような状況であれば、どんなに劣悪な条件であっても働かざるを得なくなります。このような貧困層が存在することによって、派遣会社のビジネスが成り立っている側面があるわけです。

かろうじて職を得たとしても、ピンハネされて手元に残る額はわずかです。したがって、預貯金ができる状況ではないため、派遣労働者として次から次へと渡り歩いていくしかありません。アパートを借りようとしても敷金や礼金を払う余裕がないから、ゼロゼロ物件に飛びついてしまうのです。

## 保証人ビジネス

「保証人ビジネス」というものも存在します。

日本では、アパートに入居するとか、あるいは就職するとか、さまざまなケースで保証人が必要となる場合が多いですね。そういったことを背景に、「保証人を紹介する」と言ってお金をとって紹介しない、あるいは、登録して保証人になったがために多額の借金を負わされる……といったトラブルが多発しています。

『貧困ビジネス被害の実態と法的対応策』（日本弁護士連合会貧困問題対策本部編、民事法研究会）でも被害実例が紹介されていますが、たとえば、両親と死別して親戚もないため、就職の保証人に困っていた人のケースを紹介しましょう。

この方は紹介業者を見つけ、即日、保証人を紹介してもらえるという条件で五万円を振り込みました。しかし、翌日から業者と連絡がとれなくなったのです。そして、ようやく連絡がつくと、「預り金として一〇万円を払えば、今度こそ保証人を紹介する。預り金は五年後に返す」と言われたため、決まっていた就職先をあきらめざるを得なかったそうです。しかも、その三年後に「あなたは過去に会員になっていたから、これまでの更新料を払え」としつこく電話や電報が送りつけられ、結局、三万円を支払ってしまいました。すると、新たな契約書が送られてきて、「更新料を払え」と脅迫が続いたのです。

就職同様、進学に際しても保証人が必要な場合があります。母子家庭が利用できる「就学資金融資」には保証人が必要なので、ある母親は保証人紹介業者に五万円を振り込みました。しかし、「融資を受けられるようになったときの成功報酬を前払いせよ」と要求されたため、断ったといいます。断ったにもかかわらず、振り込んだ五万円は返還されません。そして、保証人がいないため就学資金融資を受けられず、お子さんは進学もできない状況に陥ってしまいました。

## 人間らしい住まいに住む権利

いまの日本は無縁社会化が進み、一人一人が孤立しています。そして、貧困当事者は全般にツテがなく、保証人を頼みにくい。そこを逆手にとって、保証人ビジネスが成立しているわけです。

貧困層が減らない限り、モグラたたきのように、次から次へと新しい詐欺や貧困ビジネスが出てくるでしょう。「追い出し屋」のような違法行為は、住まいの貧困の問題と直結しています。

人間らしい住まいに住む権利は、基本的人権のひとつだということが日本では明確に認識されていません。当たり前の話ですが、きちんとした住まいがなければ仕事を探すこともできず、人間らしい生活もできません。そういう認識が、ヨーロッパあたりでは非常に強いのです。たとえばフランスでは、家賃をどれだけ滞納していても、「冬の寒い時期は大家が賃借人に明け渡しを求めてはいけない」というような決まりがあると聞いたことがあります。

保証人がいないためにアパートに入居できないような場合には、公的な団体が保証人になったり、あるいは家賃を補助する方法も考えられます。私は二〇一二年の都知事選に出馬した際、「公営住宅の建設を始めるべきだ」ということと、「それが追いつかないのであれば、低所得者層に対し民間のアパートやマンションの家賃の一部を補助するような制度をつくったらどうか」と提案していました。

ほかにも、空き家で借り手がつかない住宅を公共住宅に転用する案なども、真剣に考えていいと思います。東日本大震災による避難者に対しては、仮設住宅だけでなく、いろいろな民間施設や住宅・旅館・ホテルなどを自治体が借り上げて提供しています。震災関連以外でも低所得者層に対してそういうことをやれば、大家さんも助かるはずです。

家賃の補助は、全額ではなく一部でもいいと思います。最低賃金で働いた分と家賃補助分を足して生活保護を上回るのであれば、いきなり生活保護に頼らなくてもいいわけです。こういうような仕組みを、もっとつくる必要があると思うのです。そうすれば、「追い出し屋」や「ゼロゼロ物件」などに引っかかることもないでしょう。

# 第五章　「わるいやつら」を生み出す「わるい政治」

## 事態を悪化させる生活保護バッシング

ここまで再三述べているように、貧困者を食い物にする連中が跡を絶たないのは、貧困が拡大しているからにほかなりません。不正を正すための最短距離は、貧困の撲滅なのです。

ところが、二〇一二年一二月に政権に復帰した自民党は、生活困窮者の最後の頼みの綱である生活保護費を大幅に削減するとともに、生活保護制度を改悪する政策を推し進めようとしています。もしそうなれば、生活保護利用者だけでなく、相当広い範囲に影響が及ぶのは必至です。日本の社会は重要な局面に立たされているのです。

私たちはさまざまな人の相談を受け、多重債務者を救済し、弱者を食い物にする多種多様な貧困ビジネスを告発してきました。しかし、まるでモグラたたきのように、次から次へと弱者を食い物にする事件が繰り返し起きています。

この状況をさらに悪化させるのが、生活保護費の大幅引き下げなのです。

二〇一二年、あるタレントの母親が生活保護を受けているという報道をきっかけにして、いわゆる〝生活保護バッシング〟が起こりました。子どもは芸能活動で稼いでいるのだから、親の生活費を負担できるはずだ。それなのに、生活保護を受けているとはどういうことだ、というわけです。

自民党は、社会保障というのは「自助・自立」が基本で、公助は後回しという考えを基本に据えています。民主党政権下で生活保護利用者と生活保護費が増えたと批判して〝生活保護バッシング〟を肯定するような議員も現れました。そして、総選挙で「生活保護基準を引き下げる」という公約を掲げて、自民党は政権に返り咲いたのです。

## 貧困と格差の広がり

私たちは、こうした生活保護基準引き下げの動きに反対する運動を推進しています。

そもそも生活保護利用者が増えた背景は、貧困と格差が広がってしまったからです。三人に一人以上が非正規労働者で、年収二〇〇万円未満の人が一〇〇〇万人を超えている。そして、最低賃金が非常に低いのです。現在でも、一一の都道府県で、最低賃金が生活保護基準以下に抑えられていて、その中には、東京都も含まれます。

二〇一三年初頭の時点で、全国に失業者はおよそ二六〇万人おり、そのうち、失業保険をもらっている人は、たったの二割にすぎません。ヨーロッパでは失業者のほぼ一〇〇%近くが失業保険をもらえていることを考えると、日本の失業保険利用率の低さは驚くほかありません。失業保険というセーフティネットが機能していれば、いきなり生活保護に頼らなくてもいいはずなのですが、「自助・自立」を唱える人は、こういう現実にはあまり言及しません。

また、高齢者の場合、年金で生活できれば生活保護に頼らなくてもいいはずですが、現状の国民年金では生活できない、というケースが増えています。高齢化社会の進展とともに、その数はこれからも増え続けると予想されます。

さらには、先に述べたように、「貯蓄ゼロ世帯」が二五%を超えています。もし、そういう世帯で家族の誰かが病気になったり仕事を失ったりすれば、途端に生活ができなくなってしまいます。

このような貧困や格差の拡大が生活保護利用者の増大を招いていることを、まず認識すべきです。

この状態を解消して生活保護費の膨張を食い止めようと思ったら、最低賃金を大幅に引き上げるとか、非正規労働者の労働条件を改善するとか、失業者に失業保険を漏れなく支給できるように失業保険制度を改善するとか、年金制度を改革するとか、そういう手当が必要になるはずです。にもかかわらず、負担や格差の拡大を解消する政策には手を打たずに、「自助・自立」というスローガンの下で生活保護利用者をバッシングして、支出を抑制しようとしている。

最近は、孤独死、餓死といったニュースを耳にすることが多くなりました。もし、いまのような状態で生活保護基準の引き下げが行なわれたら、そういった悲惨なケースが多発する危険性があるのです。

### 生活保護の「捕捉率」は二割程度

しかし、基準の引き下げを検討しなくてはならないほど、日本には生活保護利用者が多いのでしょうか。客観的な数字で検討してみましょう。

日本ではいま、およそ二一五万人が生活保護を利用していて、これは全人口の一・七％

です。それに対して、ドイツは全人口の九・七％にあたる七九三万人、イギリスは九・二七％にあたる五七四万人が生活保護を利用しています。

生活保護基準以下の収入の人は生活保護を申請できるはずですが、利用資格のある人で実際に生活保護を受けているのは、日本では二割程度と見られています。一方、ヨーロッパ諸国では、利用資格のある人の八～九割が生活保護を利用しています。利用資格がある人が実際に制度を利用している割合を「捕捉率」といいますが、日本はこの捕捉率が非常に低いので、孤立死や餓死が増えているのです。生活保護を利用していたら死なずに済んだ人が、死んでいるわけです。

したがって、いまやるべきことは、貧困と格差を是正することと同時に、生活保護を受けていない人に対して、生活保護制度についてもっと広報して、周知徹底することです。

生活保護は、憲法二十五条に定められている「生存権保障」を具体化した制度です。まず、その理念を周知しなくてはなりません。それと同時に、生活保護の申請の仕方とか、生活保護を申請するにはどこに行けばいいかとか、そういった具体的な権利行使の方法を教えなければならないのです。

自民党は「三年かけて、生活保護費を六七〇億円削減する」と謳っていますが、とんでもないことです。ベクトルが真逆なのです。

## 過去に例のない、極端な「引き下げ案」

自民党が打ち出している生活保護基準引き下げ案は、非常に極端なものです。一九五〇年に生活保護法が施行されて以降、過去二回、生活保護基準が引き下げられたことがあります。二〇〇三年度が〇・九％減で、二〇〇四年度が〇・二％減でした。

それを今回は、平均で六・五％引き下げようというのです。子育てをしながら生活保護を利用している世帯では、一〇％引き下げられる場合もあります。もしこの案が施行されたら、いま生活保護を利用している人の九六％、つまり、ほぼ全員が現在より利用額を引き下げられます。それによって、三年間で六七〇億円を削減するというわけです。

また、生活保護基準の引き下げにとどまらず、就労支援の強化とか、医療費扶助の適正化など、生活保護制度の見直しによって、さらに四五〇億円を削減する方針を打ち出しています。これは何を意味するかというと、いわゆる〝水際作戦〟をより徹底させて、生活保護の申請を簡単に認めないということです。北九州市が生活保護抑制の数値目標を定めて〝水際作戦〟を徹底した結果、餓死者や自殺者を出したケースを先述しましたが、そういったことを全国レベルで行なおうという話です。

私が一番の問題だと思うのは、この間、直接的な影響を受ける〝当事者〟、すなわち生活保護利用者たちの話がほとんど聞かれていないことです。当事者を抜きにして、一部の役所とか、一部の有識者の意見を参考にして政策決定しようとしているのです。

## 「物価に連動して保護費を下げる」トリック

生活保護基準引き下げの方針については、社会保障審議会の中にある「生活保護基準部会」が報告書をまとめました。

その報告書に基づく引き下げ額は、九〇億円となっています。私はその基準部会の報告書自体も問題だと思いますが、それにしても、政府が打ち出した「六七〇億円」とはあまりにも差があります。では、残りの五八〇億円はどこから出てきたのでしょうか？

その理由づけは、「デフレで物価が下がってきている」ということなのです。つまり、物価に連動して生活保護費も下げますよ、という論法です。

物価の変動で価格が下がっているのは、主に、家電製品のようなぜいたく品です。ところが、生活保護利用者のほとんどは、高額な家電製品など所有していません。彼らは、受けとった金額のほぼすべてを、生活費に使っているのです。食費、水道光熱費、灯油、公共交通機関料金などの基本的生活費は下がっていないのです。むしろ、光熱費は逆に上昇しています。灯油やガソリンなども円安によって上昇してきているのです。

生活保護利用者一七五人の緊急調査を行なったところ、物価下落率が高い家電製品について「購入したことがない」と回答した生活保護利用者は、ビデオカメラ九九・四％、カメラ九六・六％、デスクトップパソコン九七・七％、ノートパソコン九四・三％、洗濯乾燥機九八・三％などとなっています。

そして、いわゆる〝アベノミクス〟が目論《もくろ》むインフレターゲットが実現した場合、物価が上昇するわけですから、大変な生活がさらに厳しくなります。それなのに、一部のぜいたく品の値下がりを論拠にして「削減」を打ち出すのは、生活保護費利用者の生活実態をまったく無視したやり方なのです。

加えて、近いうちに消費税増税が予定されています。低所得者は収入のほぼすべてを消費に回しますから、真っ先に増税の直撃を受けるのはそういった人々であることを、忘れてはなりません。

## 貧しい者同士を対立させるキャンペーン

生活保護基準引き下げを正当化する別の理由として、「生活保護利用者は、低所得労働者よりも裕福な生活をしている」という主張があります。底辺から一割の低所得者層の消費水準と比べた場合、生活保護利用者の消費水準のほうが高いというのです。

しかし、すでに述べたように、本来なら生活保護を利用できる資格のある人のうち、八割が利用していないのですから、利用していない中の下位一割より、利用世帯の消費水準が高くなるのは当たり前のことです。こういう比較をすると、どんどん〝基準の引き下げ競争〟になってしまいます。

「自分たちは生活保護を受けないで我慢しているのに、生活保護をもらっている人は、朝からパチンコをしている」というようなキャンペーンがあります。これは、貧しい者同士が対立するように仕向けた、きわめて悪質なキャンペーンです。その目的は、本当の問題がどこにあるのかを覆い隠すことだろうと思います。

それと関連しますが、生活保護に関しては、「不正利用」の問題も意図的に取り上げられます。しかし、厚生労働省の調査でも、不正利用は全体の〇・五％以下です。

「〇・五％以下の不正利用」という問題と、「生活保護利用資格がある人のうち、八割が利用していない」という問題と、どちらが深刻な問題でしょうか。

答えは明らかだと思います。

## 生活保護基準引き下げは当事者以外にも影響する

今度の削減案では、子育て世帯の生活保護基準が一〇％程度引き下げられます。少子化対策を盛んに呼びかけている割に、子どものいる世帯に最大のダメージを与えようとしているのです。

それに関連して危惧されるのは、「就学援助」についてです。就学援助は、公立の小学校、中学校の子どもたちを支援するもので、給食費や学用品代、修学旅行費、クラブ活動費などを、生活保護を受ける「要保護」世帯と、生活保護世帯に近い状態にあると市区町村が認定した「準要保護」世帯に提供するものです。いま、全国でおよそ一五七万人が就学援助を受けていますが、制度設計の見直しによって、支給されなくなる人も出ると思われます。

これだけではありません。生活保護基準引き下げは、当事者だけでなく、その周辺の人も影響を受けます。

生活保護基準の引き下げは、労働者の最低賃金とか、地方税（住民税）の非課税基準にも影響するからです。

先述したように、いまだに一一の都道府県で最低賃金が生活保護基準以下にとどまっていますが、生活保護基準自体が引き下げられると、最低賃金の引き上げにもブレーキがかかってしまう恐れがあります。

また、住民税の非課税基準が変わると、いままで払わなくてもよかった低所得者層が住民税を払わなければならなくなります。つまりこれは、低所得者層に対する課税の強化になります。

その他、生活保護基準は、前述した就学援助の給付対象基準、生活福祉資金の貸付基準、介護保険の保険料や利用料の減額基準、障害者自立支援の利用料の減額基準など、さまざまな分野に連動しています。中国から帰国した中国残留孤児の人たちへの生活保障や、ハンセン病患者の生活保障にも連動しています。

一見して明らかですが、これらは弱者切り捨ての政策です。ここへきて、自民党を中心に憲法改正論議が起こっていますが、改憲の前段階として、さまざまな人権保障を骨抜きにする動きの一環ではないかと言いたくなるくらいです。

すでに、地方では気になる動きが出てきています。

二〇一三年三月、兵庫県小野市で「市福祉給付制度適正化条例」が可決されました。その内容は、不正利用や、生活保護費や児童扶養手当をパチンコなどのギャンブルで浪費しているのを見つけた場合、情報提供することを市民の責務とするというものです。相互監視社会にして、ますます貧しい人たちが生きにくくなり、生活保護を受けにくくなるような社会環境づくりが行なわれようとしています。このまま進むと、日本の社会そのものが、たまらなく息苦しいものになってしまうでしょう。

そのような社会では、本書でここまで詳述してきたような、人の弱味に付け込む「わるいやつら」のビジネスチャンスが、さらに拡大してしまいます。

低所得者層の生きづらさを解消し、社会の息苦しさを緩和するためには、抜本的に政策を変えなければなりません。

そのためには、富の再分配を効果的に実行する必要があると思います。

## 富が平等に分配されていない

先ほども触れましたが、近い将来、消費税の増税が予定されています。

一九八九年に三％の消費税が導入され、九七年に五％に引き上げられました。二〇一四年か一五年かわかりませんが、それを八％、もしくは一〇％に引き上げるというわけです。

しかしその一方で、法人税と所得税が下げられていることを見逃してはなりません。机上の計算ですが、もし、一九八九年以前の法人税と所得税に戻せば、二〇兆円くらいの税収があります。だとしたら、消費税を上げる必要はまったくないわけです。

このような事実については、これまであまり議論されませんでした。さすがに次回の消費税引き上げに際しては、税体系全体の見直しということで、所得税の最高税率を現行の四〇%から四五%に上げてはどうか、という議論はされているようです。

ただし、日本のもともとの所得税最高税率をご存知ですか。

一九八〇年ごろは、七五%でした。それが七〇%、六〇%と徐々に下げられ、消費税を導入した八九年に五〇%まで下げ、現在は四〇%になっています。したがって、過去の水準と比較すれば、四〇%が四五%になったところで、大差はないと言わざるを得ません。

一九八〇年代以降、所得税の最高税率がどんどん下げられていって、その分を消費税でカバーしてきたわけです。少しはそのバランスを元に戻して、高額所得者からも税金をとればいいと思うのですが、なかなかそういう話にはなりません。

この間、労働者の平均賃金は大幅に下がってきています。

二〇〇一年度の労働者の平均年収は四五四万円でしたが、二〇一〇年度は四一二万円に下がっています。ところが、その二〇〇一年から二〇一〇年までのGDPの推移を見ると、七%増えているのです。生産で増えた富が平等に分配されていれば、平均所得が下がるどころか上がるはずです。

いま、欧米など先進国で平均所得が下がっているのは日本だけです。これはどういうことでしょうか。ＧＤＰが増大しているのに、労働者の年収、つまり労働分配率が下がっています。ということは、富が偏在しているということです。

実際、年収五〇〇〇万円以上の高額所得者は激増しているのですから。

## 年収四三〇万円の労働者よりトヨタ社長の税負担率が低い

高額所得者の税負担は、相対的に低い。そのことが非常に問題です。

元大蔵官僚の武田知弘さんが書かれた『税金は金持ちから取れ』（金曜日）という本には、驚くべきことが書いてあります。

そこで例に挙げられているのは、トヨタ自動車社長の二〇一〇年の収入なのですが、三億四〇〇〇万円の収入のうち、所得税、住民税、社会保険料の負担率は二〇・七％。一方、同じ二〇一〇年の給与所得者の平均年収は約四三〇万円で、その負担率は、三四・六％。年収四三〇万円の労働者のほうが、年収三億四〇〇〇万円のトヨタ自動車社長よりも税負担率が高いのです。

なぜそうなるかというと、トヨタ自動車社長の収入のうち、三分の二は持ち株の配当金だからです。持ち株の配当金にかかる税金は、所得税と住民税を合わせて一律一〇％にすぎません。小泉政権のときに「証券優遇制度」がつくられ、証券の配当金、持ち株の配当金は、所得税と住民税を合わせて一〇％しか払わなくていいことになりました。トヨタ自動車社長の約三億四〇〇〇万円の年収の三分の二、およそ二億二〇〇〇万円については一〇％の負担で済むことになっているので、普通の給与所得者よりも大企業の社長のほうが負担が低くなるというわけです。

そういうことを、私たちはあまり知らされていない。それが問題ですね。

武田さんは大蔵官僚としての経験から、「金持ちというのはケチだ」というふうに書いています。つまり、彼らは税金のことをよく調べているというのです。だから、消費税については声を揃《そろ》えて「上げろ、上げろ」とやるけれども、その裏で、ちゃっかりと法人税や所得税を下げさせている。もちろん、献金などによって政治家に直接的な影響を与えられるという特権も駆使しているでしょう。

一方、庶民は、あまり税金に詳しくないわけですね。「国は一〇〇〇兆円の赤字を抱えている」などとマスコミが騒いでいるので、「お国も大変なんだから、消費税増税もやむを得ないか」などと、なんとなく考えてしまっています。

## 消費税率だけを比較するのはフェアではない

消費税の問題を議論するとき、ヨーロッパとの消費税率の比較をよくやりますね。

たしかに、ヨーロッパ諸国の消費税率は日本より高いです。では、所得税率はどうなのか。たとえばフランスは、所得税の最高税率をさらに引き上げて七五％にするという。そのことに抗議して、ブリジット・バルドーとかジェラール・ドパルデューといった大物映画スターがロシアに亡命するといった騒ぎが日本でも報道されましたが、要するに、所得税率も、日本よりずっと高くとっているのです。消費税も高いけれど、高額所得者からも所得税をしっかり取っているし、社会保険料などの企業負担も高い。先述したように、生活保護の捕捉率も九割近い。このような側面を抜きにして、消費税率だけを比較するのはフェアではないと思います。

注目しなくてはならないのは、「消費税●％」といった表面上の数字だけではなくて、全体の税収に占める消費税の割合がどれくらいなのか、ということです。

日本は一九八〇年代以降、消費税を上げて、一方で法人税や所得税などを下げてきているわけですから、税収全体の中に占める消費税の割合がどんどん高くなっていることは明らかです。そうやって、高額所得者に甘く、低所得者に厳しい社会環境を構築してきているのです。

本書で述べたような、さまざまな詐欺や犯罪がはびこるようになったのは、まさにその時代と一致しているのです。

## 消えた「高額納税者ランキング」

日本には、二〇〇五年度まで「高額納税者公示制度」というものがあり、国税が毎年、高額納税者を発表していました。新聞やテレビでランキングが発表されていたのを、多くの方が覚えていると思います。

かつてそこには、大手サラ金の社長たちが名前を連ねていました。私たちは、「サラ金はこんなに儲けている。多重債務者が大量に出ているのだから金利を下げろ」と主張する武器として、そのランキングを使っていたものです。

高額納税者公示制度が廃止された表向きの理由は、「富裕層を狙った犯罪を防止する」とか、「四月一日以降に遅れて申告するのでリストに載らない高額納税者がいる」とか、さまざまな説明がされました。

しかし本当の理由は、「多くの人々に知らせるとまずいから」ではないかと、私は考えています。世間では不況だと言われているのに、実際にはこれだけの数の高額所得者がいます。そういう事実を知らせたくないのでは、と思ってしまうのです。

前出の武田知弘さんの著書では、労働者の年収がどんどん下げられていった二〇〇一年度から二〇一〇年度の間、上場企業の役員の年収はほぼ二倍、つまり二〇〇％以上増えたと書かれています。

武田さんの試算では、日本にはおよそ一四〇〇兆円の個人金融資産があり、個人の不動産資産はおよそ六六〇〇兆円あるということです。両方合わせれば八〇〇〇兆円の個人資産があるということになります。しかし、お金持ちは何億も収入があったとしても全部使うわけではなく、預貯金でため込むから消費の活性化にはつながりません。もし、その富を低所得者へ分配すれば、彼らは大半を消費に回すから内需に貢献するだろうということを踏まえて、武田さんは、個人金融資産の一四〇〇兆円と不動産の六六〇〇兆円に一％の「富裕税」をかけろと主張しています。それだけで八〇兆円の税収となり、消費税増税のレベルをはるかに超えます。

このように、税収を上げる方法としてはいろいろなやり方があるわけです。しかし、いろいろなやり方を充分に議論したり検討したりすることなく、消費税だけの引き上げを当然の前提にして、消費税は八％か一〇％か、などということばかり報道するのは、マスコミにも大きな問題があると思います。

税制が「公平・平等」な制度になっていない具体的事実も提示されないまま、議論が進んでいるのが現状です。結果として、不公正な税制度が貧困者を大量に生み出し、それによってデフレが進行する。

大企業への優遇税制を指摘すると、「法人税を上げると、企業の海外転出が進んで景気がもっと悪くなる。法人税を下げれば、企業活動が活発になって国際競争力が高くなる」という声が返ってきます。しかし、〝ジャパン・アズ・ナンバーワン〟と言われた一九八〇年代は、法人税率も所得税率も、いまよりはるかに高かったのです。むしろ、法人税率や所得税率を下げていくにつれて、日本企業の国際競争力も下がってしまったのではないですか。

もちろん、そこにはさまざまな意見があるでしょう。ただ私が言いたいのは、そういう本質的な議論をまずやってほしい、ということなのです。それをやらずに、わずか十数万円で生活している生活保護利用者がパチンコをやっていたとか酒を飲んでいたとか、そのようなキャンペーンばかりが話題になるのは、明らかにおかしいと思いませんか。

## 憲法に書かれていることが現実化していない

いま、政治課題として「護憲か改憲か」というテーマが俎上《そじょう》にのぼっています。

ただ、私は憲法について、もう少し違った角度から考えているのです。

護憲や改憲を言う前に、そもそも、いまの憲法の条文に書かれていることが現実化されていないのではないでしょうか。

繰り返しになりますが、生活保護とは、憲法二十五条の「生存権の保障」を具体化した制度です。ところが、その制度を受けるべき人のうち、八割が受けていないわけです。あるいは、「世間体が悪い」という理由で堂々と受けられない現実があります。

学校では、憲法については試験に出てくるかもしれないけれど、生活保護の受け方とか、申請の仕方とか、そういうことはほとんど教えていません。つまり、憲法で掲げた権利を実現するための具体的な方法を教えていないわけです。ただ「憲法を守れ」と言うだけでは、憲法の中身は実現できないのです。

また、憲法二十八条は「勤労者の団結権と団体行動権」を規定しています。しかし日本では、労働組合のつくり方や団体交渉のやり方を具体的に教えたりするような教育はなされていません。だから、いくら「労働者には権利があります」と言っても、それだけでは何の役にも立ちません。たとえば、長時間労働や残業代の未払いなどで苦しんでいる労働者が組合をつくろうとしたときに、具体的に、どこへ相談に行って、どういう手続きを踏めばいいのか。そういうことを教えるべきだと思います。

問われているのは「護憲」という理念ではなくて、いまの憲法が保障している基本的人権を「現実化」「具体化」するような運動が行なわれているかどうか、ではないでしょうか。

## すべては実践から始まる

率直に言って、市民運動の世界にも、理念が先走っている人が多いような気がします。それよりも、権利を行使するための具体的方法に留意したほうがいいと、私は強く思っています。

本書で述べてきたように、私は、実際に詐欺の被害に遭ったり生活に困窮したりして苦しむ人たちと向き合って、仕事をしてきました。そういう場面では、「理念」はあまり役に立ちません。それよりも、どうすれば問題が解決できるのか、どうすれば騙し取られたお金を取り戻すことができるのか、そのための具体的方法を考え、実践することが重要なのです。

現実は待ってくれません。どんどん進行していきます。

年収二〇〇万円未満のワーキングプアーが一〇〇〇万人を超え、非正規労働者が二〇〇〇万人を突破し、全労働者に占める割合も三八・二%（二〇一二年）と過去最高に達し、そのうえ、生活保護基準の引き下げが強行されようとしています。低所得者層のさらなる拡大は、いわゆる〝ブラック企業〟に格好の労働力市場を提供するでしょう。労働者を劣悪な条件で雇い、次々と使い捨てる。彼らにそんな経営を可能にさせるのは、いくらでも代わりがいるからです。厖大な数の非正規・低賃金労働者を生み出す社会構造があるからです。

理念よりも、具体的な実践です。仕事を失ってしまった人、賃金未払いに抗議する人、パワハラに悩む人、劣悪な労働条件でパンク寸前の人、多重債務者、生活保護利用者、生活保護基準以下の収入しかないのに保護を受けていない低所得者、詐欺のターゲットにされる人……。現実に苦しんでいる人を支援するための、具体的なノウハウを積み重ねていかなくてはなりません。

そういった具体的実践のひとつが「政治参加」ということなのです。

## お金がなければ立候補もできない不条理

二〇一二年一二月、私は東京都知事選に立候補しました。九六万八九六〇票を獲得することができましたが、残念ながら、当選はかないませんでした。

この、選挙出馬という初めての体験を通して、それまでの弁護士という職務からは見えなかった「不条理」を実感することになりました。それは「供託金」という制度です。

供託金とは、立候補に際して選挙管理委員会に一定の金額を預け、規定をクリアすれば、選挙後に返されるものです。

私は、当選した猪瀬《いのせ》直樹候補に次ぐ得票二位で、一五％の得票率でした。したがって、供託金（都知事選挙の場合は三〇〇万円）は返還されたのですが、得票三位だった松沢成文さんをはじめ、その他の候補が拠出した供託金は没収されました。「得票率が一〇％に達しないと没収される」という規定があるからです。実績も知名度もある松沢さんですら没収されるのですから、潤沢な資金のない普通の人は、このような状況では選挙に出にくいでしょう。

都知事選よりもさらに悪いのは、国政選挙（衆議院選挙と参議院選挙）です。

ある都民が、「自分は参議院選挙に出ようと思っている。ところが供託金を用意できない。これは憲法違反じゃないか」と私に訴えてこられました。憲法には、一定の年齢に達すれば誰でも選挙に出られ投票も自由にでき、差別はあってはならないと書いてあります。憲法四十四条には、議員及び選挙人の資格は、「人種、信条、性別、社会的身分、門地、教育、財産又は収入によって差別してはならない」と明確に規定してあるのです。

ところが現実は、国政選挙の供託金は、小選挙区は三〇〇万円、比例区は一人六〇〇万円。政党をつくって比例区に一〇人の候補者を立てようとすれば、六〇〇〇万円の供託金を用意しなければなりません。

実際のところ、脱原発や環境問題を訴えて創設された「緑の党」は、二〇一二年一二月の総選挙では、供託金を出せないために立候補者を出すことができませんでした。つまり、お金がないと立候補もできないのです。これは憲法違反ではないですか。

ほかの選挙でも基本的に同じで、都道府県知事選挙の供託金が三〇〇万円、政令都市の市長選挙は二四〇万円、その他の市長選挙は一〇〇万円です。

諸外国の例を調べたら、アメリカ、ドイツ、フランス、イタリアは、供託金はゼロです。フランスは一九九五年まで約二万円の供託金が必要でしたが、その二万円すら批判をされてゼロになったのです。供託金がある国でも、イギリスその他の先進国では、ほとんどが一〇万円以下です。

「お任せ民主主義ではダメだ」という議論をしたり、一票の価値の問題について指摘したりする論者はたくさんいます。実際、一票の格差を問題にした無効判決がいくつも出始めました。ただし、これは選挙権の問題です。

もうひとつ大切な被選挙権、すなわち立候補する権利が法外な供託金によって大幅に制限されている。これでは〝お任せ民主主義〟にならざるを得ません。にもかかわらず、立候補の際に高額な供託金を必要とするのは憲法違反である、というような議論や訴訟はあまり起こっていないのです。

## 〝特別な人〟だけに政治を任せてはいけない

まさに「お任せ民主主義ではダメだ」ということで、私たちはサラ金問題に取り組み、何度も法改正運動をやって、二〇〇六年にグレーゾーン金利を撤廃する法改正を実現させました。法を改正するためには国会議員の多数の理解を得る必要がありますから、与野党問わずロビー活動をやったわけです。

しかし、お任せでなく自分たちが積極的に関わっていく最大の方法は、自分たち自身が立候補して政治に参加することです。反貧困運動であれ、脱原発運動であれ、主張を現実化しようと思ったら、国会で法律をつくったり改正したりしなければなりません。

私は、「権利を行使するための具体的方法に留意したほうがいい」と述べました。具体的方法の最たるものは、自分たちの代表を国会へ送り込むことでしょう。しかし、供託金制度という大きな壁が、そこに立ちはだかるわけです。

法外な金額を出さなければならない現状では、政党をつくって巨額なお金を集められるのは、財界のヒモつき政党か、労働組合のヒモつき政党しかありません。

戦前の日本では、選挙権（投票する権利）拡大の運動がありました。最初は「税金を何円以上納めている男子」という制限があり、次にその納税額が下げられ、それから、二五歳以上の男子であれば全員……と、徐々に選挙権の範囲が拡大していきました。そして、戦後になって女性にも選挙権が与えられるようになりました。

こうして、投票する権利は平等になりましたが、一方で、立候補する権利は狭められている。国民が直接、政治に関与するためのハードルを年々高くしているという驚くべき実情があります。公職選挙法の改正ごとに供託金を高くしているのですから、どんどん非民主的になっているわけです。

この、不当に高額な供託金制度がいつから導入されたのかを調べてみると、「二五歳以上の男子全員」に選挙権を認めた、一九二五年の「普通選挙法」だったことがわかりました。導入された理由は「売名目的などの立候補を抑制する目的だった」などと説明されていますが、別の見方では、当時「無産政党」と呼ばれた、社会主義政党が国政に進出するのを防ぐ意図があった、とも言われています。

普通選挙法では、供託金制度だけでなく、戸別訪問の禁止や文書図画の制限といった、厳しい選挙運動規制も導入されました。それらは現在の公職選挙法にもつながっていて、配布する文書の制限や戸別訪問の禁止など、いまでも、選挙に際してはさまざまな制限があるのです。

もちろん、一票の格差の問題や、死に票が多く出る小選挙区制という問題もあります。しかしそれ以前に、一般の国民が政治に参加することを阻害する「供託金」という制度や、選挙運動におけるさまざまな規制が、きわめて非民主的ではないか。そのことを、これから私は問題提起していきたい。先ほど紹介した、参議院選挙に出馬しようと思っていた人が憲法違反訴訟を提起するというなら、弁護団を組もうと考えています。

必要なのは、特別な人だけに政治を任せるのではなく、問題意識や志を持つ市民が誰でも政治に参加できるようなシステムをつくることです。

特定の人、特別な人だけが政治の世界に入っていって、普通の人は〝特別な人たち〟にロビー活動で働きかけるしか方法がない。これはまったくおかしいことで、繰り返しますが、供託金を大幅に下げるなり廃止するなりして、制度を変えればいいのです。

そういう根本的な改革を行なわなければ、いまの日本社会を覆っている「格差」と「分断」は、どんどん悪い方向へ進行していくでしょう。

# おわりに

文中で述べたように、私が長年取り組んできたサラ金・クレジット・商工ローン・ヤミ金などの多重債務問題に関しては、金利規制と過剰融資規制を抜本的に強化する改正貸金業法が二〇〇六年一二月一三日に成立し、二〇一〇年六月一八日から完全施行されたことによって、大きく状況が変わりました。この結果、サラ金最大手の武富士や商工ローン大手のSFCG（旧商工ファンド）が倒産する一方で、多重債務者数や自己破産申立件数、ヤミ金融の業者数などは大幅に減少しています。

しかし、ヤミ金融は減少してきているのですが、「カード現金化商法」「偽装質屋」など、形を変えたヤミ金融が新たに出てきているわけです。

第二章で、二〇一二年に認知した「特殊詐欺」の被害額が過去最高に達したことを述べましたが、新聞報道によれば、その後もさらに被害は拡大しているようです。

振り込め詐欺など、被害者に会わずに電話などで虚偽の話をもちかける特殊詐欺事件の被害額が今年一～六月、二一一億七〇〇〇万円に上ったことが八日、警察庁のまとめでわかった。昨年同期より五六億三〇〇〇万円（三六・二％）多く、上半期では統計を取り始めた二〇〇四年以降、過去最悪となった。

全国の警察が一～六月に把握した特殊詐欺事件は五三八八件。息子などを装う「おれおれ詐欺」が最も多い二三四五件で、被害額は昨年同期比五二・一％増の七二億八〇〇〇万円だった。株や社債など金融商品の購入を持ちかける詐欺は九七二件で被害額は八四億六〇〇〇万円。昨年同期より二・一％減ったが、特殊詐欺の中では最も被害額が多かった。また、数字選択式宝くじ「ロト６」の当選番号などを教えると持ちかけ、情報提供料名目で現金をだまし取る手口も急増。被害額は一三億四〇〇〇万円で、前年同期の四倍を超えた。

「おれおれ詐欺」のうち、現金を犯人側に手渡すよう指示されたケースが一八一二件あり、七七・三％を占めた。（中略）金融機関に金を振り込むよう指示されたケースは四二三件（一八・〇％）にとどまった。

特殊詐欺事件での摘発者は、昨年同期より二四・三％増えて八三〇人に上った。ただ、大半は犯行グループの「末端」メンバーで、主犯格は四〇人にとどまった。

犯行グループは、指示役などの主犯格や、振り込まれた現金を口座から引き出す「出し子」、被害者から現金を受け取る「受け子」など役割が細分化されている。「受け子」などグループ末端の摘発者は五八二人。金融機関や被害者宅周辺などで捜査員らに発見されやすく、摘発者の七〇・一％を占めた。

摘発された「受け子」らも「知らない男に声を掛けられた」などと供述し、主犯格の摘発につながらないケースが多いという。

一方、摘発者のうち二三五人（二八・三％）は暴力団組員や準構成員で、警察庁は「暴力団の資金源になっている」と警戒を強めている。（「読売新聞」二〇一三年八月八日夕刊）

日本では、二〇〇九年九月一日から、消費者の権利の尊重及び消費者の自立の支援という基本理念の下、「消費者庁」が設置されています。また、二〇〇七年六月には、消費者契約法などに基づいて、内閣総理大臣が認定した適格消費者団体が事業者の不法行為を差し止める「消費者団体訴訟制度」ができているのですが、消費者被害の未然防止と発生した被害の回復については、十分な成果をあげていません。

悪質商法・詐欺的商法の取締り・摘発は、主として警察だけに任されているのが現状です。しかしながら、年々増加している悪質商法・詐欺的商法を考えると、その取締り・摘発を警察だけに任せておくのは、そろそろ限界にきているのではないかと思われます。

米国には、警察のほかに、恒常的に詐欺的商法やマルチ商法を監視している行政組織としてFTC（Federal Trade Commission: 連邦取引委員会）があります。FTCは、詐欺的商法やマルチ商法の疑いがある業者に対しては、業務内容の開示命令や詐欺的商法の差止命令を出すことができます。さらにFTCは、自らが原告となって、悪質業者を被告として損害賠償請求訴訟を提起することができ、訴訟手続により悪質業者から回収した金銭を被害者に配当することができます。また米国では、州レベルにおいては、州の司法長官（Attorney General）がFTCと同様の権限を行使できることになっています。

日本では、悪質商法・詐欺的商法によって蓄えを根こそぎ騙し取られた被害者は、泣き寝入りしたくなければ、原則として自らの費用負担で弁護士に依頼し、損害賠償請求訴訟を提起したり悪質業者の破産申立をしたりして、被害回復を行なわなくてはなりません。同じような悪質商法・詐欺的商法の被害に遭っても、米国の被害者と日本の被害者とでは、ずいぶんと置かれた状況が違っていることがわかります。

現在、日本では、消費者の財産的被害の集団的な回復のために、特定適格消費者団体が事業者を相手に訴訟を提起し、被害の回復を図る制度が検討されていますが（法律の名称は「消費者の財産的被害の集団的な回復のための民事の裁判手続の特例に関する法律案」）、悪質商法・詐欺的商法の被害の防止、被害の根絶を真剣に考えるのであれば、米国のＦＴＣのようなシステムの導入を、早急に検討すべきであると考えます。

貧困と格差が広がる中で、生活困窮者、貧困当事者の窮状と無知につけ込んで利益を上げる、「貧困ビジネス」も広がっています。現在、社会問題となっている「ブラック企業」も、貧困ビジネスのひとつと言えます。このような貧困ビジネスを根絶するには、厳しく取締まるとともに、それらを規制する立法の強化などが必要となります。

そして、より根本的には、「貧困と格差の広がりを解消する政治」こそが求められているのです。

**宇都宮健児**（うつのみや　けんじ）

一九四六年愛媛県生まれ。東京大学法学部中退、司法研修所入所。七一年、弁護士登録。日弁連多重債務対策本部長代行、同消費者問題対策委員長、東京弁護士会副会長、豊田商事破産事件破産管財人常置代理人、全国ヤミ金融対策会議代表幹事、オウム真理教犯罪被害者支援機構理事長、反貧困ネットワーク代表、「年越し派遣村」名誉村長、日弁連会長などを務める。

# わるいやつら

二〇一三年九月一八日　第一刷発行　　集英社新書〇七〇六B

著者……宇都宮健児《うつのみやけんじ》
発行者……加藤　潤
発行所……株式会社集英社
東京都千代田区一ツ橋二-五-一〇　郵便番号一〇一-八〇五〇
電話　〇三-三二三〇-六三九一（編集部）
〇三-三二三〇-六三九三（販売部）
〇三-三二三〇-六〇八〇（読者係）

装幀……原　研哉
印刷所……凸版印刷株式会社
製本所……加藤製本株式会社

定価はカバーに表示してあります。


ISBN 978-4-08-720706-4 C0236
Printed in Japan

a pilot of wisdom

a pilot of wisdom

モノ言う中国人　西本紫乃
二畳で豊かに住む　西　和夫
「オバサン」はなぜ嫌われるか　田中ひかる
新・ムラ論TOKYO　隈　研吾／清野由美
原発の闇を暴く　広瀬　隆／明石昇二郎
伊藤Pのモヤモヤ仕事術　伊藤隆行
電力と国家　佐高　信
愛国と憂国と売国　鈴木邦男
事実婚　新しい愛の形　渡辺淳一
福島第一原発―真相と展望　アーニー・ガンダーセン
没落する文明　萱野稔人／神里達博
人が死なない防災　片田敏孝
イギリスの不思議と謎　金谷展雄
妻と別れたい男たち　三浦　展
「最悪」の核施設　六ヶ所再処理工場　小出裕章／渡辺満久／明石昇二郎
ナビゲーション「位置情報」が世界を変える　山本　昇
視線がこわい　上野　玲

「独裁」入門　香山リカ
吉永小百合、オックスフォード大学で原爆詩を読む　早川敦子
原発ゼロ社会へ！　新エネルギー論　広瀬　隆
エリート×アウトロー　世直し対談　堀田　力／玄　秀盛
自転車が街を変える　秋山岳志
原発、いのち、日本人　浅田次郎／藤原新也ほか
「知」の挑戦　本と新聞の大学Ⅰ　一色　清／姜　尚中ほか
「知」の挑戦　本と新聞の大学Ⅱ　一色　清／姜　尚中ほか
東海・東南海・南海　巨大連動地震　高嶋哲夫
千曲川ワインバレー　新しい農業への視点　玉村豊男
教養の力　東大駒場で学ぶこと　斎藤兆史
消されゆくチベット　渡辺一枝
爆笑問題と考える　いじめという怪物　太田　光／NHK「探検バクモン」取材班
部長、その恋愛はセクハラです！　牟田和恵
モバイルハウス　三万円で家をつくる　坂口恭平
東海村・村長の「脱原発」論　村上達也／神保哲生
「助けて」と言える国へ　奥田知志／茂木健一郎

a pilot of wisdom

- 新左翼とロスジェネ　鈴木英生
- 虚人のすすめ　康　芳夫
- 自由をつくる　自在に生きる　森　博嗣
- 不幸な国の幸福論　加賀乙彦
- 創るセンス　工作の思考　森　博嗣
- 天皇とアメリカ　吉見俊哉／テッサ・モーリス-スズキ
- 努力しない生き方　桜井章一
- いい人ぶらずに生きてみよう　千　玄室
- 不幸になる生き方　勝間和代
- 生きるチカラ　植島啓司
- 必生《ひっせい》　闘う仏教　佐々井秀嶺
- 韓国人の作法　金　栄勲
- 強く生きるために読む古典　岡　敦
- 自分探しと楽しさについて　森　博嗣
- 人生はうしろ向きに　南條竹則
- 日本の大転換　中沢新一
- 実存と構造　三田誠広

- 空《くう》の智慧、科学のこころ　ダライ・ラマ十四世／茂木健一郎
- 小さな「悟り」を積み重ねる　アルボムッレ・スマナサーラ
- 科学と宗教と死　加賀乙彦
- 犠牲のシステム　福島・沖縄　高橋哲哉
- 気の持ちようの幸福論　小島慶子
- 日本の聖地ベスト100　植島啓司
- 続・悩む力　姜　尚中
- 心を癒す言葉の花束　アルフォンス・デーケン
- 自分を抱きしめてあげたい日に　落合恵子
- その未来はどうなの？　橋本　治
- 荒天の武学　内田　樹／光岡英稔
- 武術と医術　人を活かすメソッド　甲野善紀／小池弘人
- 不安が力になる　ジョン・キム
- 冷泉家　八〇〇年の「守る力」　冷泉貴実子